Vorwort

Da saß ich nun und war mit meinem Latein am Ende, verstand nur noch Bahnhof, kapierte überhaupt nichts mehr! Dabei war ich doch stolz wie Oskar, hatte gerade mein Spanisch-Diplom erworben. Frisch überreicht, mit feierlichen Glückwünschen versehen, begleitet von wohlmeinenden Ratschlägen für den zukünftigen Lebensweg ... Der aber führte mich erstmal in die Dominikanische Republik, Urlaub machen! Aber nicht nur am Strand braten, sondern raus aus dem Hotel und rein in den nächsten Bus.

Und da hockte ich nun, in einem VW-Bus, eingequetscht wie eine Ölsardine. Guaguas heißen die Dinger, fahren überall hin und nehmen jeden mit. 16 Mann waren wir, irgendwie verstaut auf provisorischen Bänken mit verknoteten Beinen, festgeklammerten Armen, Hintern an Hintern. Fast zwangsläufig kommt man da in Kontakt – also, auf geht's, keine Schüchernheit, bitte, Gespräch suchen! „¡Qué calor!" (So eine Hitze!) Was Blöderes fiel mir nicht ein, aber aller Anfang ist schwer. Mein Sitznachbar erbarmte sich, antwortete und ruckzuck plauderten wir aber nicht allzu lange. Mein sprachlicher Elan verstummte recht schnell, ich bekam nämlich

©Doris Oberfrank-List@fotolia.com

Grüne Idylle

nicht mehr allzu viel mit. Mein Gegenüber bemerkte es dann auch, begriff, unterbrach sich selbst mitten im Satz: „¡No, estas son cosas del campo!" (Nein, das sind Dinge vom Land.) Und mit einem Mal ging's besser. So, als ob er einen Schalter umgelegt hätte, sprach er langsamer und vor allem deutlicher. Ein klares Zugeständnis an den Fremden, der verstand wieder besser.

Das Erlebte machte nachdenklich. Später beobachtete ich ähnliche Reaktionen. Untereinander schienen die Dominikaner anders zu sprechen, irgendwie abgehackter, mit vielen Verschleifungen und anscheinend schneller. Es dauerte eine ganze Zeit, bis man sich da einhört, die Feinheiten „dekodiert". Aber dann macht es umso mehr Spaß mitzureden. Und wenn man nun mal gar nichts versteht, spechen die freundlichen Dominikaner extra langsam für den Ausländer. Hauptsache, er bemüht sich und versucht es nicht auf Englisch. Mittlerweile reisen alljährlich an die zwei Millionen Touristen an die dominikanischen Strände. Da entstanden viele Arbeitsplätze, englische Sprachkenntnisse wurden zu einer Notwendigkeit, deutsche vereinzelt auch schon. Trotzdem, wir sind die Gäste, warum also nicht einmal mit Spanisch versuchen?

Dieser Kauderwelsch-Band soll Ihnen dabei helfen. Vollständigkeit wird gar nicht erst angestrebt, aber eine fundierte Einführung in die Grundregeln der spanischen Sprache mit genügend praktischen Anwendungsbeispielen wollen wir Ihnen an die Hand geben. Und danach werden viele sprachliche Situationen durchgespielt, mit denen der Tourist in Berührung kommen kann. Immer wird dabei auf das dominikanische Spanisch verwiesen, werden Besonderheiten und Eigentümlichkeiten erklärt. Es soll Ihnen ja nicht so ergehen wie mir, damals, als ich nur noch Bahnhof verstand. Viel Spaß in der Dominikanischen Republik und ¡qué le vaya muy bien!

Hans-Jürgen Fründt

Hinweise zur Benutzung

Der Kauderwelsch-Band „Spanisch für die Dominikanische Republik" ist in **drei wichtige Abschnitte** gegliedert:

Grammatik Die Grammatik beschränkt sich auf das Wesentliche und ist so einfach gehalten wie möglich. Sie will zunächst mit den wesentlichen Regeln des in der Dominikanischen Republik gesprochenen Spanisch vertraut machen. Viele grammatikalische Erscheinungen, zumal Ausnahmen und Feinheiten, müssen bei dieser knappen Darstellung naturgemäß unberücksichtigt bleiben. Aber auch so bietet dieser Abschnitt genügend Stoff, der sicher nicht bei einmaligem Durchgang zu bewältigen, sondern wohl eher Schritt für Schritt unter ständiger Bezugnahme auf den Konversationsteil zu erarbeiten ist.

Wer sich intensiver mit der Grammatik des Spanischen beschäftigen will, kann auf die in großer Zahl vorhandenen Lehrbücher (zum Spanisch allgemein) zurückgreifen.

Konversation

Im Konversationsteil finden Sie Sätze aus dem Alltagsgespräch, die Ihnen einen ersten Eindruck davon vermitteln sollen, wie die spanische Sprache „funktioniert“ und die Sie auf das vorbereiten sollen, was Sie später in der Dominikanischen Republik hören werden.

Mit Hilfe der Wort-für-Wort-Übersetzung können Sie bald eigene Sätze bilden. Sie können die Beispielsätze als Fundus von Satzschablonen und -mustern benutzen, die Sie selbst Ihren Bedürfnissen anpassen. Um Ihnen das zu erleichtern, ist ein erheblicher Teil der Beispielsätze nach allgemeinen Kriterien geordnet („bitten, danken, wünschen“, „begrüßen/verabschieden“ usw.). Mit etwas Kreativität und Mut können Sie sich neue Sätze „zusammenbauen“, auch wenn das Ergebnis nicht immer grammatikalisch perfekt ausfällt.

Wörterlisten

Die Wörterlisten am Ende des Buches helfen Ihnen dabei. Sie enthalten einen Grundwortschatz von je ca. 1.000 Wörtern Deutsch-Spanisch und Spanisch-Deutsch, mit denen man einen Großteil der Gesprächssituationen meistern kann.

Wort-für-Wort-Übersetzung

Jede Sprache hat ein typisches Satzbaumuster. Um die sich vom Deutschen unterscheidende Wortfolge spanischer Sätze besser durchschauen zu können, ist die **Wort-für-Wort-Übersetzung** in etwas kleinerer Schrift hinzugefügt. Jedem spanischen Wort entspricht ein Wort in der Wort-für-Wort-Übersetzung. Wird *ein* spanisches Wort im Deutschen durch *zwei* Wörter wiedergegeben, werden diese zwei Wörter in der Wort-für-Wort-Übersetzung mit einem Bindestrich verbunden. Zum Beispiel:

¿Hay un hotel aquí?
(es-)hat ein Hotel hier
Gibt es hier ein Hotel?

Werden in einem Satz mehrere Wörter genannt, die man untereinander austauschen kann, steht ein Schrägstrich zwischen diesen:

Soy alemán / suizo / austríaco.
(ich-)bin Deutscher / Schweizer / Österreicher
Ich bin Deutscher / Schweizer / Österreicher.

Seitenzahlen
Um Ihnen den Umgang mit den Zahlen zu erleichtern, wird auf jeder Seite die Seitenzahl auch in Spanisch angegeben!

In Sätzen mit dem Tätigkeitswort „sein" macht es einen Unterschied, ob eine Frau oder ein Mann den betreffenden Satz spricht, ob eine Frau oder ein Mann angesprochen wird, oder ob man über eine Frau oder einen Mann spricht. Im spanischen Satz und in der Wort-für-Wort-Übersetzung werden beide Formen wie folgt angegeben:

Estoy cansado / cansada.
(ich-)bin müde(m/w)
Ich bin müde.

Hier spricht ein Mann die Variante vor dem Schrägstrich, eine Frau jedoch die Form nach dem Schrägstrich! Näheres dazu steht im Kapitel „Sein & Haben“.

Umschlagklappe

Die Umschlagklappe hilft, die wichtigsten Sätze und Formulierungen stets parat zu haben. Hier finden sich außerdem die wichtigsten Angaben zur Aussprache und die Abkürzungen, die in der Wort-für-Wort-Übersetzung und in den Wörterlisten verwendet werden; weiterhin eine kleine Liste der wichtigsten Fragewörter, Richtungs- und Zeitangaben. Wer ist nicht schon einmal aufgrund missverstandener Gesten im fremden Land auf die falsche Fährte gelockt worden?

Aufgeklappt ist der Umschlag eine wesentliche Erleichterung, da nun die gewünschte Satzkonstruktion mit dem entsprechenden Vokabular aus den einzelnen Kapiteln kombiniert werden kann.

Wenn alles nicht mehr weiterhilft, dann ist vielleicht das Kapitel „Nichts verstanden? Weiterlernen!“ der richtige Tip. Es befindet sich ebenfalls im Umschlag, stets bereit, mit der richtigen Formulierung für z. B. „Ich verstehe leider nicht.“ oder „Können Sie das bitte wiederholen?“ auszuhelfen.

Dominikanische Sprache

In der Dominikanischen Republik wird Spanisch gesprochen, oder wie man ja in ganz Lateinamerika sagt castellano. Indianische Sprachen existieren nicht mehr, vereinzelt konnten sich noch Fragmente erhalten, die in den alltäglichen Sprachgebrauch eingeflossen sind. Dazu später mehr.

Die Insellage förderte eine gewisse sprachliche Eigenständigkeit, Einflüsse von außen flossen nur spärlich in den Sprachgebrauch ein. Daduch erhielt sich das Dominikanische einen eigenständigen Charakter und unterscheidet sich eben auch vom Festland-Spanisch.

Diese Eigenständigkeit zeigt sich besonders in zwei sprachlichen Phänomenen. Dominikaner sprechen oftmals für unsere Ohren recht schnell und tendieren zu Wortverkürzungen und Verschleifungen. Sehr häufig werden Endungen verschluckt oder nur gehaucht, so dass sie kaum hörbar sind, speziell bei einem Wort mit einem „s" am Ende.

Dame tre' kilo' de plátano' (eigentlich: Dame tres kilos de plátanos. – Gib mir drei Kilo Bananen.) Oder auch: Va'n p'quito pa' 'trá'. (eigentlich: Va un poquito para atrás. – Rück noch ein Stückchen weiter nach hinten.), so werden Fahrgäste in eine Guagua, einen Kleinbus hineindirigiert. Es dauert halt eine Zeit, bis man sich da eingehört hat.

Das zweite Phänomen ist eine eigentümliche Verschleifung des im Spanischen eigentlich hart gesprochenen Buchstabens „r". An Wortenden und vereinzelt in Kombinationen mit einem Konsonanten wird das „r" nämlich wie ein „l" gesprochen. Dieses Phänomen ist vor allem im südlichen Bereich anzutreffen. In der Cordillera Central, also etwa in der Inselmitte wird aus dem „r" sogar ein „i". Das hört sich dann so an: Statt calor (Hitze) heißt es im Süden calol und in der Inselmitte caloi. Busfahrer rufen auch ihr Reiseziel Hato Mayor als Hato Mayol aus und wenn der zweifelnde Gringo, der glaubt, nicht richtig verstanden zu haben, nachfragt, ob der Bus tatsächlich nach Hato Mayor fahre, kommt prompt zur Antwort: ¡Sí, Señol!

Ungewohnt auch, dass viele Leute ein „s" in verschiedene Wörter quetschen, dorthin, wo sie normalerweise nichts zu suchen haben. Beispiel: Istalia statt Italia oder oskey statt okay. Keine Ahnung, worin der Ursprung dieser Besonderheit liegt, einer speziellen Region kann dieses Phänomen jedenfalls nicht zugeordnet werden. Gerne werden auch Erzählungen etwas übertrieben dargestellt und Wörter durch ein -azo oder -ísimo aufgeblasen. Beispiele: grandazo statt grande, (etwa: riesiggroß statt groß), altísimo (superhoch statt hoch).

Auf der Halbinsel Samaná haben sich noch sprachliche Reste eines deutlich amerikanisch gefärbten Englisch erhalten. Ehemalige schwarze Sklaven, die im vergangenen Jahrhundert aus den USA kommend sich hier in der Abgeschiedenheit angesiedelt hatten (damals gab es noch keine Straße nach Samaná), pflegten lange Zeit ihre Sprache. Die isolierte Lage half dabei, mögliche Außenkontakte und Vermischungen zu vermeiden. Französische Spracheinflüsse sind gering geblieben, obwohl die gesamte Insel lange Zeit von Frankreich dominiert wurde. Eines der markantesten Wörter ist noch der Flamboyant-Baum. Weiterhin drückt sich das sprachliche Erbe in manchen Nachnamen aus: Candelier oder Betancourt oder auch Beauchamps.

Der Tourismus brachte zuerst die US-Amerikaner, und so sickerten dann auch englische Worte in die dominikanische Sprache ein, wie das weitverbreitete bai (von: goodbye). Ebenfalls oft zu sehen bei Autovermietern: Se rentan (von: to rent). Weitere abgeleitete Amerikanismen: Yannis keke von ursprünglich „Johnny's cake", einem tellergroßen, aus Mehl hergestellten fritiertem Gebäck. Wird am Strand verkauft und wurde von Mr. Johnny vor langen Jahrzehnten mal feilgeboten im ganzen Land. Colín bezeichnet eine lange Machete, der Name geht auf die ursprüngliche Herstellerfirma Collins aus den USA zurück. Kaugummis sind chiclets, niemand benutzt das spanische goma, auch dieser Begriff basiert auf dem Namen eines Produktes.

Dominikanismen

Die in diesem Kapitel vorgestellten Ausdrücke umfassen zwei Bereiche:

Vieles wird in der Dominikanischen Republik anders bezeichnet als in Spanien. So heißt z. B. „Fahrkarte" im Spanischen billete, im dominikanischen jedoch boleto. Meist werden die spanischen Bezeichnungen aber ebenfalls verstanden.

Aus dem Englischen übernommene, aber meist verfremdete Wörter, da man sie der spanischen Schreibweise angepasst hat.

Spezifisch Ausdrücke für Gegenstände, Personen oder Zustände, die noch aus der Zeit der Tainos stammen, heute aber auch in anderen spanischsprachigen Ländern gebraucht werden.

Vom Spanisch Spaniens abweichendes Vokabular

deutsch	dominikanisch	spanisch
Aasgeier	**zopilote** (m)	**buitre** (m)
Auto	**carro**	**coche**
Briefmarke	**timbre** (m)	**sello**
Eintrittskarte	**boleto**	**entrada**
Fahrkarte	**boleto** (auch: **tiket**)	**billete** (m)
Haus	**choza**	**casa**
Kartoffeln	**papas**	**patatas**
Kleinbus	**guagua**	**bus**
Räuber	**chapulin**	**asaltante**
Schwein	**puerco**	**cerdo**
Urwald	**monte**	**selva**

Dominikanismen

Übernommene Begriffe der Tainos

aguacate	Avocado
barbacoa	Grillrost
batea	kleine Mulde
bohío	palmgedeckte Hütte
burén	Art Kochplatte
caimito	Sternapfel
chín-chín	ein bisschen
canoa	Einbaum, Kanu
carey	Karettschildkröte
caribe	Karibik, aber auch jemand vom Stamm der Kariben
casabe	Maniokbrot
guayaba	Guave
hamaca	Hängematte
huracán	Hurrikan
iguana	Leguan
lambí	Seeschneke
maíz	Mais
maní	Erdnuss
tabaco	Tabak
tiburón	Hai
yuca	Maniokwurzel

Original	Dominikanische Version
New York	**Nueba Yol**
watchman	**watchiman** (Wachmann)
What"s your name?	**what"s yo neii?**
meeting	**mitín** (steht so auch in Zeitungen)
Pepsi	**pesi** (das mittlere „p" wird nie gesprochen)
baseball	**beibol**
safe a can	**zafacón** (Mülleimer, von ursprünglich „bewahre die Büchse")

Aus dem Englischen abgewandelte Ausdrücke

Wortspiele

Häufig wird man in Herrenrunden Wortspiele (meist sexuellen Inhalts) mithören, deren Bedeutung man normalerweise nicht verstehen wird. Hauptsächlich werden dabei Bezeichnungen für den Penis (z. B. picha) verwendet (siehe auch unter Schimpfwörtern), die Hoden (z. B. huevos) und Tätigkeitswörter mit doppelten Bedeutungen wie z. B. coger, das im Spanischen die Bedeutung von „nehmen" hat und hier als „eine Frau nehmen" benutzt wird.

Aussprache & Betonung

Selbstlaute (Vokale)

Die Selbstlaute (a, e, i, o, u) werden wie im Deutschen ausgesprochen, wobei **e** und **o** offene Laute sind. Zwischen langen und kurzen Selbstlauten wird nicht unterschieden. Aufeinanderfolgende Selbstlaute werden getrennt gesprochen. Die beliebtesten „Fallen“ sind:

ie	„i“ und „e“ werden getrennt gesprochen, nicht wie langes „i“, sondern wie in „R**ie**ka“ **quiero** (ich will)
ei	„e“ und „i“ werden getrennt gesprochen, nicht wie in „L**ei**ter“, sondern wie in „b**ei**nhalten“ (jedoch ohne Stimmverschluss zwischen **e** und **i**!) **aceite** (Öl)
eu	„e“ und „u“ werden getrennt gesprochen, nicht wie in „H**eu**“, sondern wie in „b**eu**nruhigt“ (jedoch ohne Stimmverschluss zwischen **e** und **u**!) **Europa** (Europa)

Mitlaute (Konsonanten)

Besondere Schwierigkeiten bereitet die Aussprache des Castellano nicht. Den einzelnen Buchstaben(verbindungen) entsprechen in den meisten Fällen die gleichen Laute wie im Deutschen. Als zusätzlichen Buchstaben im spanischen Alphabet hat man lediglich das **ñ** zu lernen.

Die größte Hürde für Deutschsprachige ist sicherlich das „gerollte" Zungenspitzen **-r**, das es zudem auch noch in zwei Versionen gibt. Doch keine Angst: Auch mit deutschem r wird man verstanden und zumindest nicht als gringo (US-Amerikaner, die „gehass-liebt" werden) eingestuft.

Dagegen bedeutet der in ganz Lateinamerika übliche „seseo" sicherlich eine Erleichterung für den Lernenden: **c** (vor e und i) sowie **z** werden wie das deutsche „ß" ausgesprochen und nicht wie das englische „th", wie es in Spanien üblich ist.

Bei folgenden Lauten weicht die Aussprache vom Deutschen ab:

Kauderwelsch-AusspracheTrainer
*Falls Sie sich die wichtigsten spanischen Sätze, die in diesem Buch vorkommen, einmal von einem Einheimischen gesprochen anhören möchten, kann Ihnen Ihre Buchhandlung den **AusspracheTrainer (Audio-CD)** zu diesem Buch besorgen. Sie bekommen ihn auch über unseren Internetshop **www.reise-know-how.de** Der **AusspracheTrainer** steht dort auch als **MP3-Download** zur Verfügung. Alle Sätze, die Sie auf dem **AusspracheTrainer** hören können, sind in diesem Buch mit einem 👂 gekennzeichnet.*

b, v	Laut zwischen deutschem „b“ und „w“, am Wortanfang fast wie „b“ **boca** (Mund) **vaca** (Kuh)
c	vor **e** und **i** wie „ß“ in „Fu**ß**“
cc	vor **a, o, u** und Mitlauten wie „k“ wie „kß“ **cerveza** (Bier) **casa** (Haus) **accidente** (Unfall)
ch	wie „tsch“ in „Ma**tsch**“ **mucho** (viel)
g	vor **e, i** wie „ch“ in „Ba**ch**“; vor **a, o, u** und Mitlauten wie deutsches „g“ **gente** (Leute) **gato** (Katze)
gue **gui** **güe** **güi** **gua**	wie „ge“ bzw. „gi“, das **u** wird nicht gesprochen und zeigt nur an, dass das **g** nicht wie „ch“ klingt; wie „gue“ bzw „gui“: soll das **u** vor **e** und **i** dennoch hörbar sein, steht statt **u** ein **ü** (selten); wie „gua“ (vor **a** ist das **u** immer hörbar!) **guitarra** (Gitarre) **ungüento** (Salbe) **agua** (Wasser)
h	wird nicht gesprochen **hora** (Stunde)
j	wie „ch“ in „Ba**ch**“ **viejo** (alt)
ll	wie „j“ in „**J**unge“ **calle** (Straße)

ñ	wie „nj“ in „A**nj**a“ **baño** (Toilette)
qu	wie „k“ (nie „kw“!), tritt nur vor **e** und **i** auf, das **u** ist „stumm“ **queso** (Käse)
r **rr**	Zungenspitzen-r mit nur einem „Schlag“, am Wortanfang gerollt; **rr** wird stark gerollt **pero** (aber) **río** (Fluss) **perro** (Hund)
s	wie „ß“ wie in „Fu**ß**“ **sol** (Sonne)
x	Das **x** wird normalerweise wie das deutsche „x“ (also „kß“) ausgesprochen. **taxi** *„takßi“* (Taxi)
y	vor Vokalen wie „j“ in „**J**unge“; alleinstehend oder am Wortende wie „i“ **ayer** (gestern) **hoy** (heute) **y** (und)
z	wie „ß“ in „Fu**ß**“ **azúl** (blau)

Betonung

Wörter, die auf einen Selbstlaut, auf **n** oder **s** enden, werden in der Regel auf der vorletzten Silbe betont, alle übrigen auf der letzten Silbe. Hierbei ist zu beachten, dass Selbstlaut-Verbindungen, die mit **i** oder **u** beginnen, als einsilbig gelten patio (Hof) wird demnach auf dem **a** betont. Alle anderen Selbstlaut-Verbindungen jedoch gelten als zweisilbig paseo (Spaziergang) wird also auf dem **e** betont. Abweichungen von diesen Regeln werden durch einen Akzent auf der zu betonenden Silbe angezeigt, z. B.: avión (Flugzeug).

Manchmal ist die Betonung entscheidend für die Bedeutung eines Wortes:

esta	diese
está	er/sie ist
papa	Papst; Kartoffel
papá	Papa
compro	ich kaufe
compró	er/sie kaufte

Akzente dienen darüber hinaus bei einigen einsilbigen Wörtern, die unterschiedliche Bedeutungen haben, als Unterscheidungsmerkmal:

el	der	**él**	er
tu	dein	**tú**	du
mi	mein	**mí**	mich
de	von	**dé!**	geben Sie!
si	wenn	**sí**	ja

Besonderheiten in der Aussprache

Viele Dominikaner nehmen es mit der Aussprache nicht allzu genau. So wird z. B. von der Landbevölkerung das End-"s" verschluckt: „¡Dó kilo de arró, por favor!" statt ¡Dos kilos de arroz, por favor! (Zwei Kilo Reis, bitte!), oder ganze Satzteile zusammengefasst. So muss jeder Besucher auf die Frage gefasst sein:

¿E'tá' po' prime'a ve' 'quí?
¿Estás por primera vez aquí?
(du-)bist für erste Mal hier
Bist Du zum ersten Mal hier?

Groß oder klein?

Zur Schreibweise nur soviel: Der Satzanfang und die Eigennamen im Satzinneren werden groß, alle anderen Wortanfänge klein geschrieben.

Satzzeichen

Ungewöhnlich für den deutschen Leser ist, dass Frage- und Ausrufesätze nicht nur mit den entsprechenden Satzzeichen (? und !) abgeschlossen, sondern auch und dann auf dem Kopf stehend eingeleitet werden (¿ und ¡). Sie werden dort gesetzt, wo jeweils die Frage oder der Ausruf beginnt, u. U. also auch mitten im Satz.

Wörter, die weiterhelfen

Estoy buscando ... Ich suche ...

Estoy buscando un restaurante.
(ich-)bin suchend ein Restaurant
Ich suche ein Restaurant.

Estoy buscando la parada de guagua.
(ich-)bin suchend die Haltestelle von Guagua (Kleinbus)
Ich suche die Bushaltestelle.

In diesen Fragesatz (und auch in die folgenden Fragen) kann man alle sinnvollen Wörter aus der Wörterliste unverändert einsetzen, zum Beispiel:

un médico	ein Arzt
el hospital	das Krankenhaus
la embajada	die Botschaft
la policía	die Polizei
la guagua	der Bus
una tienda	ein Geschäft
el aeropuerto	der Flughafen
un taxi	ein Taxi
el consulado	das Konsulat
un teléfono	ein Telefon

¿Hay ...? Gibt es ...?

¿Hay café?
(es-)hat Kaffee
Gibt es Kaffee?

¿Hay un hotel aquí?
(es-)hat ein Hotel hier
Gibt es hier ein Hotel?

Sí, hay.
ja (es-)hat
Ja, gibt es.

No, no hay.
nein nicht (es-)hat
Nein, gibt es nicht.

¿Donde hay ...? Wo gibt es ...?

¿Dónde hay una farmacia?
wo (es-)hat eine Apotheke
Wo gibt es eine Apotheke?

¿Dónde hay un banco?
wo (es-)hat ein Bank
Wo gibt es eine Bank?

¿Donde está ...? Wo ist ...?

Fragt man nach etwas Bestimmtem, verwendet man nicht hay (es gibt), sondern está (ist).

¿Dónde está el Hotel Aida?
Wo (er-)ist der Hotel Aida?
Wo ist das Hotel Aida?

Man sollte sich von vornherein darauf einstellen, mehrmals verschiedene Personen fragen zu müssen. Die Antworten sind zwar meistens gutgemeint, nicht selten aber sehr unpräzise. Typisch etwa ist die Auskunft más allá, *was etwa mit „immer weiter" zu übersetzen ist.*

¿Dónde está el correo?
wo (er-)ist der Post
Wo ist die Post?

¿Dónde está el terminal de Caribe Tours?
wo (er-)ist der Terminal von Caribe Tours
Wo ist der Busbahnhof der Gesellschaft Caribe Tours?

a la derecha	(nach) rechts	**a la izquierda**	(nach) links
acá, aquí	hier	**por acá**	hierhin
allá, allí	dort	**por allá**	dorthin
cerca	nah	**lejos**	weit
derecho, recto	geradeaus	**hacia atrás**	zurück
cruce (m)	Kreuzung	**semáforo**	Ampel

¿Tiene Usted ...? Haben Sie ...?

¿Tiene Usted una habitación libre?
(er-/sie-)hat Sie eine Zimmer frei
Haben Sie ein freies Zimmer?

¿Tiene Usted un mapa de Santo Domingo?
(er-/sie-)hat Sie ein Plan von Santo Domingo
Haben Sie einen Stadtplan von Santo Domingo?

Diese Wendung ist dann angemessen, wenn man gezielt nach etwas fragen will. Die Antworten können z. B. lauten:

Sí, lo tenemos.
ja, es (wir-)haben
Ja, haben wir.

No, no lo tengo.
nein, nicht es (ich-)habe
Nein, habe ich nicht.

Quiero ... Ich will ... / Ich hätte gern ...

Um einen Wunsch auszudrücken, kann man sich mit quiero (ich will) behelfen, höflicher ist allerdings quisiera (ich würde wollen), das wie das deutsche „ich hätte gern/ich möchte“ verwendet wird.

Quiero una cerveza.
(ich-)will eine Bier
Ich möchte ein Bier.

Quisiera otra habitación.
(ich-)würde-wollen andere Zimmer
Ich hätte gern ein anderes Zimmer.

¿Cuánto cuesta ...? Wieviel kostet?

¿Cuánto cuesta un boleto?
wieviel (er-)kostet ein Fahrkarte
Wieviel kostet eine Fahrkarte?

Die Zahlen stehen im Kapitel „Zahlen & zählen“.

¿Cuánto cuesta la entrada?
wieviel (sie-)kostet die Eingang
Wieviel kostet der Eintritt?

¿Cuánto cuesta esto?
wieviel (es-)kostet dies
Wieviel kostet das da?

Am Strand von Punta Cana

Hauptwörter (Substantive)

Anders als im Deutschen werden die Hauptwörter nicht gebeugt. Man muss sich also lediglich das grammatische Geschlecht merken und die Mehrzahlbildung beachten. Es gibt im Spanischen nur männliche (abgekürzt: „m") und weibliche („w") Hauptwörter.

Männliche Hauptwörter enden meistens auf **-o, -r, -l** oder **-n**, z. B.:

trabajo	Arbeit
postal	Postkarte
comedor	Esszimmer
avión	Flugzeug

Weibliche Hauptwörter enden in der Regel auf **-a, -d, -ción** oder **-z:**

casa	Haus
canción	Lied
ciudad	Stadt
paz	Frieden

Bei Personen wird die weibliche Form des Hauptwortes häufig durch Hinzufügen eines **-a** gebildet:

el señor	Herr
la señora	Frau
el español	der Spanier
la española	die Spanierin

In anderen Fällen wird die männliche Endung **-o** durch ein **-a** ersetzt:

el niño	Junge
la niña	Mädchen
el tío	Onkel
la tía	Tante

Für einige männliche und weibliche Entsprechungen gibt es wiederum eigene Wörter:

el hombre	Mann
la mujer	Frau
el padre	Vater
la madre	Mutter

Eine ganze Reihe von Bezeichnungen, vor allem für Berufe, kennt für beide Geschlechter die gleiche Form:

el/la turista	Tourist/Touristin
el/la dentista	Zahnarzt/Zahnärztin
el/la periodista	Journalist/Journalistin

Die Namen von Meeren, Flüssen und Bergen sind in der Regel männlich:

el Caribe	Karibik	**el Cibao**	Cibao

Ausnahmen dieser Regeln werden gekennzeichnet; z. B.:

el día (m)	Tag
la mano (w)	Hand
el mapa (m)	Landkarte
la flor (w)	Blume
el problema (m)	Problem
la moto (w)	Mofa
el pez (m)	Fisch
la foto (w)	Foto

Weil im Spanischen das grammatische Geschlecht nicht immer dem Deutschen entspricht, sollte der Artikel gleich mitgelernt werden.

Artikel

Es gibt im Spanischen den bestimmten und den unbestimmten Artikel. Anders als im Deutschen hat der unbestimmte Artikel auch eine eigene Form für die Mehrzahl, die man mit „einige“ übersetzen kann.

	bestimmter Artikel				unbestimmter Artikel			
	Ez		Mz		Ez		Mz	
m	**el**	der	**los**	die	**un**	ein	**unos**	einige
w	**la**	die	**las**	die	**una**	einige	**unas**	einige

el / un árbol	der / ein Baum
los / unos árboles	die / einige Bäume

Bei weiblichen Hauptwörtern, die mit einem betonten **a-** oder **ha-** beginnen, wird der männliche Artikel el verwendet, um das Aufeinanderstoßen zweier a zu vermeiden. Dazu gehören z. B.:

el águila (w)	Adler
el agua (w)	Wasser
el alma (w)	Seele

Im sprachlichen Gebrauch bleiben diese Hauptwörter jedoch weiblich. Eigenschaftswörter, die sich auf diese Hauptwörter beziehen, werden also weiblich gebeugt (vgl. Kap. „Eigenschaftswörter", Seite 42).

Mehrzahl

Die Grundregel lautet: Hauptwörter, die in der Einzahl (abgekürzt: „Ez") auf einem Selbstlaut enden, bilden die Mehrzahl (abgekürzt: „Mz") mit einem angehängten **-s;** Hauptwörter, die auf einem Mitlaut enden, hängen für die Mehrzahl **-es** an.

casa	Haus
casas	Häuser
corazón	Herz
corazones	Herzen

Ausnahmen

Auch hier gibt es einige Ausnahmen: So bleiben Wörter, die in der Einzahl auf **-s** enden und auf der vorletzten Silbe betont werden, in der Mehrzahl unverändert. Dazu gehören einige Wochentage, z. B. lunes (Montag), martes (Dienstag) oder Begriffe aus dem Griechischen, wie z. B. la crisis (die Krise).

Bei Wörtern, die auf **-z** enden, verwandelt sich der Endbuchstabe in der Mehrzahl in ein **-c:**

la luz	Licht	**las luces**	Lichter

Verkleinerungs-/Vergrößerungsform

In der Dominikanischen Republik wird, wie auch in anderen lateinamerikanischen Ländern, gerne die Verkleinerungsform sowie die Vergrößerungsform verwendet. Mit ihnen werden nicht nur quantitative Abstufungen angezeigt, sie dienen vor allem dazu, sich betont herzlich auszudrüken. Die am meisten benutzten Endungen sind **-ito** (m) bzw. **-ita** (w) für die Verkleinerung und **-ote** (m) / **-ota** (w) für die Vergrößerung.

un beso	Kuss
un besito	Küsschen
un besote	dicker Kuss

una casa	Haus
una casita	Häuschen
una casota	großes Haus

Die Verkleinerungs- und Vergrößerungsform kann nicht nur bei Hauptwörtern, sondern auch bei Eigenschafts- und Umstandswörtern angewendet werden.

Aus chico (klein) wird z. B. chiquito oder gar chiquitito (winzig), grande (groß) kann sowohl zu grandote als auch zu grandecito werden, chaucito heißt „Tschüßchen", tantito (soviel-chen) heißt „ein bisschen", nadita (nichts-chen) „kein bisschen", und das sehr häufig gebrauchte ahorita kann alles mögliche bedeuten, nur nicht ahora (jetzt).

Ein Kellner erklärte mir mal den Unterschied so: Angenommen, jemand möchte seine Rechnung bezahlen, dann fragt er zurück ¿Ahora o ahorita? Bei ahora wäre es dringend, also jetzt gleich, sofort – bei ahorita erst in fünf Minuten, frühestens.

Dieses & Jenes

Im Gegensatz zum Deutschen, das nur zwei hinweisende Fürwörter („dieses“ und „jenes“) aufweist, besitzt das Castellano drei.

	männlich	weiblich	unpersönlich
Ez	**este**	**esta**	**esto**
Mz	**estos**	**estas**	
Ez	**ese**	**esa**	**eso**
Mz	**esos**	**esas**	
Ez	**aquel**	**aquella**	**aquello**
Mz	**aquellos**	**aquellas**	

Ihr Gebrauch richtet sich nach Entfernung vom Sprecher. Este („dieses hier“) weist auf eine Sache oder Person hin, die sich nahe beim Sprechenden befindet. Mit ese („dieses da“) bezeichnet man ein Objekt, das etwas weiter entfernt ist oder sich beim Angesprochenen befindet. Häufig wird es auch in abschätziger Bedeutung gebraucht. Aquel („jenes“) schließlich verweist auf etwas, das örtlich oder auch zeitlich entfernter liegt.

Die hinweisenden Fürwörter stehen vor dem Hauptwort, auf das sie sich beziehen, und richten sich in Zahl/Geschlecht nach diesem.

Eigenschaftswörter (Adjektive)

Eigenschaftswörter stehen meistens hinter dem Hauptwort, auf das sie sich beziehen, und richten sich in Zahl und Geschlecht nach diesem. Die männliche Form des Eigenschaftswortes endet in der Regel auf **-o,** die weibliche Form auf **-a:**

el libro nuevo	das neue Buch
la casa nueva	das neue Haus

Bei einigen Eigenschaftswörtern, vor allem bei jenen, die auf **-e** oder **-l** enden, stimmen männliche und weibliche Form überein, z. B.:

un caso difícil	ein schwieriger Fall
una cosa difícil	eine schwierige Sache
un hombre elegante	ein eleganter Mann
una mujer elegante	eine elegante Frau

Die Mehrzahl wird bei den Eigenschaftswörtern in gleicher Weise wie bei den Hauptwörtern gebildet: Endet das Eigenschaftswort auf einem Selbstlaut, wird **-s** angehängt, endet es jedoch auf einem Mitlaut, wird **-es** angehängt.

nuevo	neu (m)	**nuevos**	neue (m, Mz)
nueva	neu (w)	**nuevas**	neue (w, Mz)
difícil	schwierig	**difíciles**	schwierige (Mz)
feliz	glücklich	**felices**	glückliche (Mz)

Die Eigenschaftswörter bueno (gut), malo (schlecht) und grande (groß) stehen jedoch meistens vor dem Hauptwort. Vor einem männlichen Hauptwort werden bueno und malo (wie auch die Ordnungszahlen primero und tercero) verkürzt, d. h. die Endung **-o** entfällt. Grande wird sowohl vor einem männlichen als auch vor einem weiblichen Hauptwort zu gran verkürzt (siehe nächste Seite).

un buen amigo	ein guter Freund
el primer día	der erste Tag
un mal día	ein schlechter Tag
una gran cocinera	eine große (=tolle) Köchin

Die Eigenschaftswörter mucho (viel), poco (wenig) und otro (ein anderer) stehen immer vor dem Hauptwort. Vor otro steht übrigens nie der unbestimmte Artikel.

mucho tiempo	viel Zeit
poco dinero	wenig Geld
otra amiga	eine andere Freundin

Wichtige Eigenschaftswörter

bueno	gut	**malo**	schlecht
grande	groß	**chico**	klein
largo	lang	**corto**	kurz
bajo	niedrig	**alto**	hoch
mucho	viel	**poco**	wenig
rápido	schnell	**lento**	langsam
claro	hell	**oscuro**	dunkel
frío	kalt	**caliente**	heiß
limpio	sauber	**sucio**	schmutzig
suave	weich	**duro**	hart
viejo	alt	**nuevo; joven**	neu; jung
feliz	glücklich	**triste**	traurig
bonito / lindo	hübsch	**feo**	hässlich
trabajador	fleißig	**vago**	faul
pobre	arm	**rico**	reich
inteligente	klug	**tonto**	dumm
barato	billig	**caro**	teuer
fácil	einfach	**difícil**	schwierig
liviano	leicht	**pesado**	schwer
mojado	nass	**seco**	trocken
correcto	richtig	**falso**	falsch
lleno	voll	**vacío**	leer

Farben

blanco	weiß	**azul**	blau
amarillo	gelb	**verde**	grün
naranja	orange	**moreno**	braun
rojo / colorado	rot	**negro**	schwarz
morado	lila	**gris**	grau

Steigern & Vergleichen

Steigern

Bei der Steigerung wird das Eigenschaftswort nicht wie im Deutschen gebeugt, man verwendet vielmehr das Wort más (mehr), das beim Komparativ (1. Steigerungsstufe) vor das Eigenschaftswort gestellt wird. Der Superlativ (2. Steigerungsstufe) wird gebildet, indem zusätzlich der bestimmte Artikel vorangestellt wird. Dabei richtet sich das Eigenschaftswort und der Artikel in Zahl und Geschlecht nach dem dazugehörigen Hauptwort.

bonito	**más bonito**	**el más bonito**
schön	*mehr schön*	*der mehr schön*
schön	schöner	der schönste
bonita	**más bonita**	**la más bonita**
schöne(w)	*mehr schöne(w)*	*die mehr schöne(w)*
schöne	schönere	die schönste

Einige häufig verwendete Eigenschaftswörter haben unregelmäßige Steigerungsformen:

mucho	viel	**más**	mehr
poco	wenig	**menos**	weniger
bueno	gut	**mejor**	besser
malo	schlecht	**peor**	schlechter

Achtung:
Bei Personen bedeutet mayor *„älter" und* menor *„jünger", während die Körpergröße mit* alto *(hoch) und* bajo *(niedrig) ausgedrückt wird.*

grande	groß	**mayor** (**más grande**)	größer
chico	klein	**menor** (**más chico**)	kleiner

Sehr verbreitet ist auch die Verstärkung eines Eigenschaftswortes durch Anhängen der Endungen -ísimo (m) bzw. -ísima (w).

Carlos es altísimo.
Carlos (er-)ist größt
Carlos ist riesengroß.

Esta cesta es baratísima.
diese Korb (sie-)ist billigst
Dieser Korb ist spottbillig.

Des weiteren besteht die Möglichkeit, mit Hilfe des Umstandswortes muy (sehr) eine Steigerung auszudrücken. Es steht grundsätzlich vor dem Eigenschaftswort.

¡Muy bien hecho!
sehr gut gemacht
Sehr gut gemacht!

una mujer muy bonita
eine Frau sehr hübsche
eine sehr hübsche Frau

Vergleichen

In einem Vergleichssatz wird ein Unterschied mit más/menos ... que (mehr/weniger ... als) bzw. mit den unregelmäßigen Formen und eine Gleichheit mit tan ... como (so ... wie) ausgedrückt.

Este carro es tan caro como ese.
dieser Auto (er-)ist so teuer wie der-da
Dieses Auto ist genauso teuer wie das da.

Alejandro es más alto que Lorenzo.
Alejandro (er-)ist mehr hoch als Lorenzo
Alejandro ist größer als Lorenzo.

En la República Dominicana
el tiempo es mejor que en Alemania.
in die Republik dominikanische
der Wetter (er-)ist besser als in Deutschland
In der Dominikanischen Republik
ist das Wetter besser als in Deutschland.

Am Strand von Punta Cana

Umstandswörter (Adverbien)

Mit Umstandswörtern (abgekürzt: „Umst.") kann man Tätigkeitswörter (Verben), Eigenschaftswörter sowie andere Umstandswörter näher bestimmen. Man unterscheidet selbständige Umstandswörter, z. B. die der Zeit („heute, immer, nie" usw.), Umstandswörter des Grades („sehr, mehr") und Umstandswörter, die von Eigenschaftswörtern abgeleitet werden. Es ist allerdings sehr verbreitet, wenn auch nicht ganz korrekt, anstelle der Umstandswörter die Eigenschaftswörter selbst zu benutzen.

Um aus Eigenschaftswörtern Umstandswörter zu bilden, hängt man an die weibliche Form des Adjektivs die Endung **-mente:**

lento / lenta
langsam (m/w)

lentamente
langsam

rápido / rápida
schnell (m/w)

rapidamente
schnell

Lentamente María sube la escalera.
langsam Maria (sie-)hinaufgeht die Leiter
Maria steigt langsam die Leiter hoch.

un caso eminentemente difícil
ein Fall außerordentlich schwierig
ein außerordentlich schwieriger Fall

Einige Eigenschaftswörter bilden unregelmäßige Umstandswörter:

bueno (Eig.) gut	**bien** (Umst.) gut
malo (Eig.) schlecht	**mal** (Umst.) schlecht

Persönliche Fürwörter

yo	ich
tú	du
él / ella	er / sie
Usted	Sie (höfliche Anrede, Einzahl)
nosotros / nosotras	wir (m/w)
ustedes	ihr
ellos / ellas	sie (m/w, Mehrzahl)
Ustedes	Sie (höfliche Anrede, Mehrzahl)

Im Gegensatz zum Deutschen unterscheidet man eine männliche und eine weibliche Form für „wir“ und „sie“ (Mz), wobei für gemischte Gruppen jeweils die männliche Form benutzt wird. Des weiteren gibt es bei der höflichen Anrede verschiedene Formen, je nachdem, ob eine oder mehrere Personen angeredet werden.

Im Hafen von Bayahibe

Ein markanter Unterschied zu dem in Spanien gesprochenen Spanisch besteht in der Ersetzung des persönlichen Fürwortes für die 2. Person Mehrzahl (vosotros) durch ustedes, die Form für die höfliche Anrede. Entsprechend wird auch die Verbform der 3. Person Mehrzahl übernommen (vgl. Kapitel „Tätigkeitswörter").

Generell werden die persönlichen Fürwörter in der gesprochenen Sprache nur zur Betonung der Person hinzugesetzt, da die handelnde Person meistens aus der Endung des Tätigkeitswortes hervorgeht.

In der Schriftsprache werden die Höflichkeitsformen häufig abgekürzt: für Usted verwendet man Ud., für Ustedes Uds.

Él sabe qué hacer, yo no.

er (er-)weiß was machen, ich nicht

Er weiß, was zu tun ist, ich (dagegen) nicht.

Wem? oder Wen?

Die Formen der persönlichen Fürwörter auf die Fragen „wem?" oder „wen?" lauten wie folgt:

	Frage: „wem?" unbetont		betont	Frage: „wen?"	
ich	mir	**me**	**a mí**	mich	**me**
du	dir	**te**	**a ti**	dich	**te**
er	ihm	**le**	**a él**	ihn	**lo**
sie	ihr	**le**	**a ella**	sie	**la**
Sie	Ihnen (Ez)	**le**	**a Usted**	Sie (m/w)	**lo/la**
wir	uns	**nos**	**a nosotros/-as**	uns	**nos**
ihr	euch	**les**	**a ustedes**	euch (m/w)	**los/las**
sie	ihnen (m/w)	**les**	**a ellos/-as**	sie (m/w)	**los/las**
Sie	Ihnen (Mz)	**les**	**a Ustedes**	Sie (m/w)	**los/las**

Die gebeugten unbetonten persönlichen Fürwörter stehen immer vor dem Verb, mit dem sie verbunden sind.

Carlos me escribe.
Carlos mir (er-)schreibt.
Carlos schreibt mir.

Te quiero.
dich (ich-)will
Ich liebe dich.

Carlos me escribió a mí.
Carlos mir (er-)schrieb zu mir
Carlos hat mir geschrieben. (... und nicht dir!)

*Die **betonte Form** wird zusätzlich zur unbetonten verwendet, um das persönliche Fürwort hervorzuheben. Sie steht **immer nach dem Verb.***

Besitzanzeigende Fürwörter

Die unbetonten besitzanzeigenden Fürwörter (Possessivpronomen) (siehe nächste Tabelle) stehen immer vor dem Hauptwort, auf das sie sich beziehen. Männliche und weibliche Formen treten nur in der 1. Person Mehrzahl („unser“) auf. Dann richtet sich das besitzanzeigende Fürwort in Geschlecht nach dem Hauptwort, das den Besitz bezeichnet. Steht der Besitz in der Mehrzahl, wird wie bei den Hauptwörtern ein **-s** an das besitzanzeigende Fürwort gehängt.

mi libro
mein Buch

mis libros
meine Bücher

su amigo
ihr Freund

sus amigos
ihre Freunde

nuestro carro
unser Auto

nuestros carros
unsere Autos

nuestra casa
unser Haus

nuestras casas
unsere Häuser

	Besitz Einzahl		Besitz Mehrzahl	
ich	mein	**mi**	meine	**mis**
du	dein	**tu**	deine	**tus**
er	sein	**su**	seine	**sus**
sie	ihr	**su**	ihre	**sus**
Sie	Ihr	**su**	Ihre	**sus**
wir	unser	**nuestro/-a**	unsere	**nuestros/-as**
ihr	euer	**su**	eure	**sus**
sie	ihr	**su**	ihre	**sus**
Sie	Ihr	**su**	Ihre	**sus**

Neben diesen besitzanzeigenden Fürwörtern, die nur zusammen mit einem dazugehörigen Hauptwort stehen, gibt es die sogenannten „betonten" besitzanzeigenden Fürwörter (siehe nächste Tabelle). Sie stehen z. B. als Satzergänzung (Objekt) in Sätzen mit dem Verb „sein" und richten sich nach dem Satzgegenstand (Subjekt) in Zahl und Geschlecht. Die Endungen sind mit denen der Eigenschaftswörter identisch (vgl. Kap. „Eigenschaftswörter", S. 42).

mein	**mío**
dein	**tuyo**
sein; ihr	**suyo**
Ihr (Ez)	**suyo**
unser	**nuestro**
euer	**suyo**
ihr (m/w)	**suyo**
Ihr (Mz)	**suyo**

¿De quién son estas cosas?
von wer (sie-)sind diese Sachen
Wem gehören diese Sachen?

Son suyas.
(sie-)sind seine/ihre
Sie gehören ihm/ihr/ihnen.

Este carro es mío.
dieser Auto (er-)ist meiner
Dieses Auto gehört mir.

Kokosnuss gefällig?

Tätigkeitswörter (Verben)

Grundform (Infinitiv)

Die spanischen Verben sind aus einem Stamm und einer Endung zusammengesetzt. In der Grundform gibt es die folgenden drei Endungen:

-ar	**hablar**	sprechen
-er	**comer**	essen
-ir	**vivir**	leben, wohnen

Gegenwart

Bei der Beugung ersetzt man die Endung der Grundform **(-ar, -er, -ir)** durch die Endung für die handelnde Person („ich, du" usw.). Der Stamm bleibt unverändert. Je nach Grundform-Endung werden die Verben unterschiedlich gebeugt, wobei die Unterschiede nicht allzu groß sind. Die Bindestriche in der folgenden Tabelle sollen nur die Beugungsendung hervorheben.

Tätigkeitswörter (Verben)

	habl-ar sprechen	**com-er** essen	**viv-ir** leben
ich	**habl-o**	**com-o**	**viv-o**
du	**habl-as**	**com-es**	**viv-es**
er, sie, Sie	**habl-a**	**com-e**	**viv-e**
wir	**habl-amos**	**om-emos**	**viv-imos**
ihr	**habl-an**	**com-en**	**viv-en**
sie, Sie	**habl-an**	**com-en**	**viv-en**

Der wohl wichtigste grammatikalische Unterschied zu dem in Spanien gesprochenen Spanisch wird sofort deutlich: Es fehlt eine eigene Verbform für die 2. Person Mehrzahl („ihr"). Statt dessen verwendet man in der Dominikanischen Republik die für die Höflichkeitsform gültige Endung, die der 3. Person Mehrzahl („sie") entspricht.

Die persönlichen Fürwörter („ich, du ...") werden in der Regel weggelassen, es sei denn, sie sollen betont werden. In der Wort-für-Wort-Übersetzung ist das persönliche Fürwort in Klammern ergänzt.

¿Ustedes hablan español?
Sie (sie-)sprechen Spanisch
Sprecht ihr Spanisch? / Sprechen Sie Spanisch?

Vivimos en Puerto Plata.
(wir-)leben in Puerto Plata
Wir leben in Puerto Plata.

Yo pago hoy.
ich (ich-)zahle heute
Ich bezahle heute!

Liste wichtiger Verben

anfangen	**comenzar***	kommen	**llegar**
antworten	**contestar**	kosten	**costar***
arbeiten	**trabajar**	küssen	**besar**
baden	**bañarse**	lächeln	**sonreír***
besitzen, haben	**tener***	laufen, rennen	**correr**
besuchen	**visitar**	leben, wohnen	**vivir**
bezahlen	**pagar, cancelar**	legen, stellen	**poner***
bitten	**pedir***	lernen	**aprender**
bleiben	**quedarse**	lesen	**leer**
brauchen	**necesitar**	lieben	**querer*, amar**
bringen	**traer***	machen, tun	**hacer***
danken	**agradecer***	nehmen	**tomar**
dauern	**tardar**	öffnen	**abrir**
einladen	**invitar**	parken	**estacionar**
eintreten	**entrar**	rauchen	**fumar**
erzählen	**contar***	rufen, schreien	**llamar, gritar**
fahren (Auto)	**manejar**	sagen	**decir***
finden	**encontrar***	schicken	**mandar, enviar**
fliegen	**volar**	schlafen	**dormir***
fotografieren	**tomar una foto**	schreiben	**escribir**
geben	**entregar**	sehen	**ver*, mirar**
gehen	**andar, caminar**	sprechen	**hablar**
glauben	**creer***	sterben	**morir**
grüßen	**saludar**	suchen	**buscar**
halten (etwas)	**sostener***	telefonieren	**llamar por teléfono**
helfen	**ayudar**		
hören	**oír*, escuchar**	vergessen	**olvidar**
informieren	**informar, avisar**	verstehen	**comprender, entender***
kaufen	**comprar**	versuchen (zu)	**tratar (de)**
kennen	**conocer***	warten	**esperar**

* *unregelmäßiges Verb (siehe nächstes Kapitel)*

Unregelmäßige Verben

Es gibt eine Anzahl von regelmäßig gebeugten Verben, bei denen sich bis auf die 1. Person Mehrzahl („wir“) lediglich der Stamm verändert, die Beugungsendungen sind regelmäßig. Diese Verben lassen sich zu Gruppen zusammenfassen; die wichtigsten sind folgende:

-e- wird zu **-ie-**

Zu dieser Gruppe gehören u. a. auch querer *(wollen)*, cerrar *(schließen)*, comenzar *(beginnen)*, recomendar *(empfehlen)*, defender *(verteidigen)*, perder *(verlieren)*.

	p**e**nsar denken	ent**e**nder verstehen
ich	**pienso**	**entiendo**
du	**piensas**	**entiendes**
er, sie, Sie	**piensa**	**entiende**
wir	**pensamos**	**entendemos**
ihr	**piensan**	**entienden**
sie, Sie (Mz)	**piensan**	**entienden**

-o- *wird zu* **-ue-**

Zu dieser Gruppe gehören u. a. auch poder *(können)*, costar *(kosten)*, encontrar *(finden, treffen)*, rogar *(bitten)*, doler *(schmerzen)*, llover *(regnen)*, volver *(zurückkommen)*.

	c**o**ntar zählen	m**o**ver bewegen
ich	**cuento**	**muevo**
du	**cuentas**	**mueves**
er, sie, Sie	**cuenta**	**mueve**
wir	**contamos**	**movemos**
ihr	**cuentan**	**mueven**
sie, Sie (Mz)	**cuentan**	**mueven**

Die letzte Gruppe schließlich bildet nur die 1. Person Einzahl („ich") unregelmäßig: **-c-** wird zu **-zc-**, z. B. conocer (kennen) wird zu conozco (ich kenne). Alle anderen Formen sind regelmäßig. Zu dieser Gruppe gehören die meisten Verben, die auf **-cer** oder **-ducir** enden, z. B. ofrecer (anbieten), traducir (übersetzen).

Einige Verben werden völlig unregelmäßig gebeugt. Hier eine Liste der wichtigsten. Man sollte zumindest die Gegenwartsformen kennen.

dar geben	**ir** gehen	**oir** hören	**venir** kommen	**hacer** machen
doy	**voy**	**oigo**	**vengo**	**hago**
das	**vas**	**oyes**	**vienes**	**haces**
da	**va**	**oye**	**viene**	**hace**
damos	**vamos**	**oímos**	**venimos**	**hacemos**
dan	**van**	**oyen**	**vienen**	**hacen**
dan	**van**	**oyen**	**vienen**	**hacen**

decir sagen	**ver** sehen	**poner** stellen	**salir** (weg)gehen	**saber** wissen
digo	**veo**	**pongo**	**salgo**	**sé**
dices	**ves**	**pones**	**sales**	**sabes**
dice	**ve**	**pone**	**sale**	**sabe**
decimos	**vemos**	**ponemos**	**salimos**	**sabemos**
dicen	**ven**	**ponen**	**salen**	**saben**
dicen	**ven**	**ponen**	**salen**	**saben**

Sein & Haben

ser / estar (sein)

Dem deutschen Hilfsverb „sein“ entsprechen im Castellano zwei Verben: ser und estar.

	ser (sein)	**estar** (sein)
ich	**soy**	**estoy**
du	**eres**	**estás**
er, sie, Sie	**es**	**está**
wir	**somos**	**estamos**
ihr	**son**	**están**
sie/Sie	**son**	**están**

Für die Unterscheidung von ser und estar prägt man sich am besten folgende Faustregeln ein:

Faustregel

Mit dem Verb ser werden unabänderliche oder charakteristische Wesenszüge bezeichnet, z. B. Nationalität, Religion, Beruf, Herkunft, Charakter- bzw. wesensmäßige Eigenschaften, Farben.

Soy alemán / alemana.
(ich-)bin Deutscher / Deutsche
Ich bin Deutscher / Deutsche.

La mesa es pequeña.
die Tisch (sie-)ist klein
Der Tisch ist klein.

Faustregel

Estar dagegen drückt einen vorübergehenden oder veränderlichen Zustand aus, z.B. Ortsangaben, Befinden, Stimmung.

Él está en el baño.	**Estamos cansados.**
er (er-)ist in der Bad	*(wir-)sind müde*
Er ist im Bad.	Wir sind müde.

Die Unterscheidung von ser und estar wird anfangs etwas Mühe machen, ist aber sehr wichtig. Wie erheblich sich die Bedeutung unterscheiden kann, mag folgendes Beispiel veranschaulichen:

Esta carne es mala.
diese Fleisch (sie-)ist schlecht
Das ist (qualitativ) schlechtes Fleisch.

Esta carne está mala.
diese Fleisch (sie-)ist schlecht
Dieses Fleisch ist schlecht (= verdorben).

Dabei ist zu beachten, dass ein Eigenschaftswort als Satzergänzung (Objekt) sich in Zahl und Geschlecht nach dem Satzgegenstand (Subjekt) richtet. Vergleiche:

Yo estoy cansado..	**Yo estoy cansada.**
ich (ich-)bin mude	*ich (ich-)bin müde*
Ich bin müde.	Ich bin müde.
(sagt ein Mann)	(sagt eine Frau)

Tú eres bonito.	**Tú eres bonita.**
du (du-)bist schön	*du (du-)bist schön*
Du bist schön.	Du bist schön.
(zum Mann)	(zur Frau)

Männer/gemischt **Nosotros estamos solos.**
wir (wir-)sind allein
Wir sind allein.

nur Frauen **Nosotras estamos solas.**
wir (wir-)sind allein
Wir sind allein.

tener / haber (haben)

Das deutsche Verb „haben“ hat im Spanischen ebenfalls zwei Entsprechungen: Dabei bedeutet tener „haben“ im Sinne von „besitzen“, ist also kein Hilfsverb. Zur Bildung der zusammengesetzten Vergangenheitsformen wird ausschließlich haber verwendet (vgl. Kap. „Vergangenheit“).

	tener haben, besitzen	**haber** Hilfsverb: haben
ich	**tengo**	**he**
du	**tienes**	**has**
er, sie, Sie	**tiene**	**ha**
wir	**tenemos**	**hemos**
ihr	**tienen**	**han**
sie/Sie (Mz)	**tienen**	**han**

Zur 3. Person Einzahl existiert außerdem die unpersönliche Nebenform hay (es gibt), die in der Umgangssprache sehr häufig gebraucht wird (vgl. auch Kap. „Wörter, die weiterhelfen", Seite 29).

Hay mucho sol.
(es-)hat viel Sonne
Die Sonne ist sehr stark.

Die unpersönliche Form hay tritt zudem in dem wichtigen Ausdruck hay que (man muss) auf:

Hay que tener cuidado.
(es-)hat dass haben Vorsicht
Man muss aufpassen.

Hay que levantarse temprano.
(es-)hat dass aufstehen-sich früh
Man muss früh aufstehen.

Weitere Zeiten

Die Möglichkeiten der Zeitenbildung sind im Spanischen reichhaltiger als im Deutschen. Eine vollständige Darstellung würde jedoch den Rahmen des Kauderwelsch-Sprachführers sprengen, weshalb im folgenden nur zwei Formen der Vergangenheit sowie der Zukunft vorgestellt werden. Damit wird man zwar nicht in jedem Fall korrekt sprechen, sich aber immer verständlich machen können.

Mittelwort der Vergangenheit (Partizip II)

Für die Bildung der vollendeten Gegenwart (Perfekt), z. B. „ich bin gegangen", braucht man zunächst das Partizip II (z. B. „gegangen, gelaufen"), das sehr einfach zu bilden ist. Dabei wird die Endung der Grundform durch die Endung des Partizips ersetzt:

-ar	→	**-ado**	**hablar** (sprechen)	**hablado** (gesprochen)
-er	→	**-ido**	**comer** (essen)	**comido** (gegessen)
-ir	→	**-ido**	**vivir** (leben)	**vivido** (gelebt)

abrir	öffnen	**abierto**	geöffnet
decir	sagen	**dicho**	gesagt
escribir	schreiben	**escrito**	geschrieben
hacer	machen, tun	**hecho**	gemacht, getan
poner	stellen, legen	**puesto**	gestellt, gelegt
ver	sehen	**visto**	gesehen

Nebenstehende Ausnahmen sollte man sich merken.

Vollendete Gegenwart (Perfekt)

Am schnellsten zu lernen, weil man sich nur einige wenige Formen einprägen muss, ist das Perfekt (vollendete Gegenwart, z. B.: „ich bin gegangen").

Man kombiniere:
die Gegenwartsformen des Hilfsverbs
haber (haben)
mit
dem Partizip II des jeweiligen Verbs.

Nur haber (haben) wird gebeugt, das Partizip II bleibt unverändert!

Achtung:
Anders als im Deutschen werden die zusammengesetzten Zeiten niemals mit dem Hilfsverb „sein" gebildet!

he	**hablado**	ich habe gesprochen
has	"	du hast gesprochen
ha	"	er/sie hat/Sie haben gesprochen
hemos	"	wir haben gesprochen
han	"	ihr habt gesprochen
han	"	sie/Sie haben gesprochen

Das Perfekt wird im allgemeinen für eine Handlung der Vergangenheit benutzt, die erst kürzlich geschehen ist bzw. noch Auswirkungen auf die Gegenwart hat. Im Satz gilt die Perfekt-Konstruktion (haber + Partizip II) als geschlossene Einheit, in die nichts eingefügt wird.

He llegado hoy.
(ich-)habe angekommen heute
Ich bin heute angekommen.

Siempre hemos comido en este restaurante.
immer (wir-)haben gegessen in dieser Restaurant
Wir haben immer in diesem Restaurant gegessen.
(... und tun es noch heute).

Zukunft

Die gebräuchlichste Art, zukünftige Ereignisse auszudrücken, ist die Kombination der gebeugten Form von ir (gehen) mit einem zwischengestellten a (etwa „zu“) und der Grundform des jeweiligen Verbs, das in die Zukunft gesetzt werden soll. Ir (gehen) ist ein unregelmäßiges Verb (siehe Kapitel „unregelmäßige Verben“, Seite 58).

gebeugtes **ir** (gehen) + **a** (zu) + **Grundform des jeweiligen Verbs**

Vamos a salir.
(wir-)gehen zu weggehen
Wir werden gleich weggehen.

Voy a pagar la cuenta mañana.
(ich-)gehe zu zahlen die Rechnung morgen
Ich werde die Rechnung morgen bezahlen.

Am einfachsten (wenn auch nicht immer ganz korrekt) ist es natürlich, wie im Deutschen die Gegenwartsform mit einer entsprechenden Zeitangabe zu verwenden, z. B.: „ich gehe morgen“ anstatt „ich werde gehen“.

Mañana visitamos la catedral.
morgen (wir-)besuchen die Kathedrale
Morgen besichtigen wir die Kathedrale.

Weitere Zeiten

Mit der Zukunftsform lässt sich auch eine Vermutung ausdrücken:

¿Qué hora será?
was Stunde (es-)sein-wird
Wie spät mag es sein?

Ein schönes Beispiel hierfür ist auch ein Filmlied, das die Schauspielerin Doris Day in dem Hitchcock-Krimi „Der Mann, der zuviel wusste" mehrfach sang und das später mit einem Oscar prämiert wurde: ¿Qué será, será? *(Was wird sein, wird sein?).*

Neben den oben genannten Möglichkeiten gibt es für die Zukunft eine eigene Beugungsform (im Spanischen futuro imperfecto genannt). Diese Beugungsform wurde ursprünglich aus dem Infinitiv (Grundform) und dem nachgestellten gebeugten Hilfsverb haber (haben) gebildet (z. B. „hablar he" = ich werde sprechen). Aus einer Verschmelzung dieser Elemente (aus „hablar he" wurde hablaré, aus „hablar has" wurde hablarás usw.) entstanden die heutigen Formen.

Die Beugungsendungen für die Bildung der Zukunft sind bei allen Beugungsklassen gleich; sie werden an den vollständigen Infinitiv (Grundform) angehängt (hier durch Bindestriche abgetrennt):

hablar	sprechen
hablar-é	ich werde sprechen
hablar-ás	du wirst sprechen
hablar-á	er/sie wird sprechen
hablar-emos	wir werden spreche
hablar-án	ihr werdet sprechen
hablar-án	sie/Sie werden sprechen

Estará contento/contenta con la habitación.
(er-/sie-)sein-wird zufrieden(m/w) mit die Zimmer
Sie werden mit dem Zimmer zufrieden sein!

Hilfsverben (können/müssen/wollen)

deber	poder	querer	saber	tener que
debo	puedo	quiero	sé	tengo que
debes	puedes	quieres	sabes	tienes que
debe	puede	quiere	sabe	tiene que
debemos	podemos	queremos	sabemos	tenemos que
deben	pueden	quieren	saben	tienen que
deben	pueden	quieren	saben	tienen que

Die Hilfsverben (Modalverben) werden im allgemeinen in Verbindung mit Vollverben gebraucht und geben der Satzaussage einen zusätzlichen Bedeutungsaspekt (Möglichkeit, Notwendigkeit, Verpflichtung usw.). Exakte Entsprechungen zwischen den deutschen und den spanischen Modalverben gibt es nicht.

deber   müssen, sollen, dürfen

Mit deber wird zumeist eine Notwendigkeit bezeichnet, die sich aus einer moralischen Verpflichtung ergibt.

Debemos apoyar este plan.
(wir-)müssen unterstützen dieser Plan
Wir müssen diesen Plan unterstützen.

No debes hacerlo.
nicht (du-)musst machen-es
Du darfst das nicht tun.

Wichtig:
deber als Vollverb bedeutet „schulden, (jemandem etwas) schuldig sein". So kann man beispielsweise in jeder Bar nach seiner Rechnung so fragen:

¿Qué le debo?
was Ihnen (ich-)muss
Was schulde ich Ihnen?

poder / saber können

Mit poder wird eine Möglichkeit oder Fähigkeit ausgedrückt, die von äußeren Umständen, vom Willen oder von einer Erlaubnis abhängt.

¡No puedo más!
nicht (ich-)kann mehr
Ich kann nicht mehr!

¡Aquí no se puede fumar!
hier nicht sich (er-/sie-)kann rauchen
Man darf hier nicht rauchen!

Mit saber (können, wissen) hingegen bezeichnet man eine erlernte oder angeborene Fähigkeit.

Todos saben nadar.
alle (sie-)wissen schwimmen
Alle können schwimmen.

querer wollen

Möchte man einen Willen oder Wunsch ausdrücken, verwendet man das Verb querer.

Queremos ir a la playa.
(wir-)wollen gehen zu die Strand
Wir wollen zum Strand gehen.

Bei einem höflich geäußerten Wunsch benutzt man statt quiero (ich will) die Konjunktivform quisiera (ich möchte/ich würde gern).

Quisiera ver algunos cuartos.
(ich-)würde-wollen sehen einige Zimmer
Ich würde gern einige Zimmer sehen.

Als Vollverb hat querer *die Bedeutung „lieben“:*
Te quiero.
dich (ich-)will
Ich liebe dich.

tener que	müssen

Mit tener que wird eine Notwendigkeit bzw. ein äußerer Zwang angezeigt.

Tengo que ir al médico.
(ich-)habe dass gehen zum Arzt
Ich muss zum Arzt.

Hafen in Bayahibe

Rückbezügliche Verben

Rückbezügliche (reflexive) Verben haben im Infinitiv (Grundform) stets die zusätzliche Endung **-se** („sich"), z. B. lavarse (sich waschen). Bei der Beugung trennt sich **-se** vom Infinitiv und wird zu einem selbständigen rückbezüglichen Fürwort, das vor dem Verb steht.

lavarse	*waschen-sich*	sich waschen
me lavo	*mich (ich-)wasche*	ich wasche mich
te lavas	*dich (du-)wäschst*	du wäschst dich
se lava	*sich (er-/sie-)wäscht*	er/sie wäscht sich, Sie (Ez) waschen sich
nos lavamos	*uns (wir-)waschen*	wir waschen uns
se lavan	*sich (sie-)waschen*	ihr wascht euch
se lavan	*sich (sie-)waschen*	sie waschen sich, Sie (Mz) waschen sich

Im Satz nimmt das rückbezügliche Fürwort eine andere Position ein als im Deutschen. Normalerweise steht es direkt vor dem gebeugten Verb. In einer Konstruktion mit Modalverben wird es jedoch an die Grundform angehängt.

Se decidió a comprar la casa.
sich (er-/sie-)entschloss zu kaufen die Haus
Er/sie entschloss sich, das Haus zu kaufen.

Neben vielen Verben, die wie im Deutschen rückbezüglich sind oder entsprechend verwendet werden können (wie z. B. lavar = waschen, lavarse = sich waschen), gibt es Verben, die im Spanischen immer rückbezüglich sind, im Deutschen aber nicht. Dazu gehören z. B.:

levantarse	aufstehen	**llamarse**	heißen
desvestirse	ausziehen	**despertarse**	aufwachen
bañarse	baden	**callarse**	schweigen
quedarse	bleiben	**detenerse**	stehenbleiben
casarse	heiraten	**pelearse**	streiten
irse	weggehen		

Me voy.
mich (ich-)gehe
Ich gehe weg.

Me llamo Miguel.
mich (ich-)rufe Michael
Ich heiße Michael.

¡Cállate!
schweig-dich
Halt die Klappe!

Das rückbezügliche **se** wird auch verwendet, um das deutsche „man" auszudrücken.

Se venden souvenirs.
sich (sie-)verkaufen Souvenirs sich
Man verkauft Souvenirs.

Se habla alemán.
(er-/sie-)spricht Deutsch
Man spricht Deutsch.

Karibischer Karneval

Satzstellung

Der Satzbau ist im Spanischen in der Regel wie im Deutschen. Zu beachten ist, dass die gebeugten persönlichen Fürwörter („mir, dir ...", „mich, dich ..."; s. Kap. „Wem? oder Wen?"), die rückbezüglichen Fürwörter („mich, dich ..."; s. Kap. „Rückbezügliche Verben") sowie das Verneinungswort **no** (nicht) anders als im Deutschen immer direkt vor dem Verb stehen.

Der einfache Aussagesatz folgt meist folgendem Schema:

SUBJEKT (Satzgegenstand)	PRÄDIKAT (Satzaussage)	OBJEKT (Satzergänzung)
El niño	**toma**	**el jugo.**
der Kind	*(er-)trinkt*	*der Saft*
Das Kind	trinkt	den Saft.
Nosotros	**te damos**	**la llave.**
wir	*dir (wir-)geben*	*die Schlüssel*
Wir	geben dir	den Schlüssel.

Auch wenn ein Umstandswort (Adverb) oder ein anderes Wort vorangestellt wird, bleibt das Grundschema erhalten; es erfolgt keine Umstellung von Subjekt und Prädikat wie im Deutschen.

Hoy el Señor Vargas va al cine.
heute der Herr Vargas (er-)geht zu-der Kino
Heute geht Herr Vargas ins Kino.

Verneinung

Aussagesätze werden durch no (nein, nicht) verneint, das grundsätzlich vor der Satzaussage (Prädikat) steht. Im Spanischen wird auch dann das Verb verneint, wenn sich im Deutschen die Verneinung auf das Hauptwort bezieht.

Desgraciadamente no puedo venir.
unglücklicherweise nicht (ich-)kann kommen
Ich kann leider nicht kommen.

No tengo tiempo.
nicht (ich-)habe Zeit
Ich habe keine Zeit.

Estos zapatos no me gustan.
diese Schuhe nicht mir (sie-)gefallen
Diese Schuhe gefallen mir nicht.

Die unbestimmten Verneinungsfürwörter wie „niemand, nichts, niemals“ benötigen im Castellano eine besondere Konstruktion, die eigentlich eine doppelte Verneinung darstellt. Dabei wird das Verb mit no (nein, nicht) verneint und das Verneinungsfürwort in der Regel an den Schluss des Satzes gestellt. Eine doppelte Verneinung bleibt also eine Verneinung!

no ... ninguno	keiner (m)	**no ... nada**	nichts
no ... ninguna	keine (w)	**no ... tampoco**	auch nicht
no ... nadie	niemand	**no ... en ninguna parte**	nirgends
no ... nunca	niemals	**no ... a ninguna parte**	nirgendwohin
no ... jamás	niemals	**no ... de ninguna parte**	nirgendwoher

No entiendo nada.
nicht (ich-)verstehe nichts
Ich verstehe nichts.

No volverá nunca.
nicht (er-/sie-)zurückkommen-wird nie
Er/sie wird nie zurückkommen.

Die Verneinung des Verbs entfällt nur dann, wenn das besondere verneinende Wort (z. B. „nie, nichts ...") dem Verb vorangestellt ist.

Nunca he comido tanto.
nie (ich-)habe gegessen soviel
Nie habe ich soviel gegessen.

Nadie me contestó.
niemand mir (er-/sie-)antwortete
Es hat mir niemand geantwortet.

Fragen

Entscheidungsfragen

Entscheidungsfragen sind Fragen, die man nur mit sí (ja) oder no (nein) beantworten kann. In der Regel wird in der Frage Satzgegenstand (Subjekt) und Satzaussage (Prädikat) gegenüber der Wortstellung im normalen Aussagesatz vertauscht.

Este es el camino hacia ...
dieser (er-)ist der Weg nach ...
Das ist der Weg nach ...

¿Es este el camino hacia ...?
(er-)ist dieser der Weg nach ....
Ist das der Weg nach ...?

Es ist aber ebenso möglich, die Wortfolge des Aussagesatzes beizubehalten und nur mittels der Satzmelodie anzuzeigen, dass es sich um eine Frage handelt.

¿Este es el camino hacia ...?
dieser (er-)ist der Weg nach ...
Das ist der Weg nach ...?

Ergänzungsfragen

Ergänzungsfragen werden durch Fragewörter eingeleitet; man antwortet mit einem vollständigen Satz. Auch hier werden Satzgegenstand (Subjekt) und Satzaussage (Prädikat) umgestellt.

¿Dónde está el museo?
wo (er-)ist der Museum
Wo ist das Museum?

¿Cuándo viene tu hermana?
wann (sie-)kommt deine Schwester
Wann kommt deine Schwester?

¿qué?	was?
¿quién?	wer?
¿cómo?	wie?
¿dónde?	wo?
¿adónde?	wohin?
¿de dónde?	woher?
¿por qué?	warum?
¿para qué?	wofür?/für was?
¿cuál?	welche(r)?
¿(desde) cuándo?	(seit) wann?
¿cuánto?	wieviel?
¿cuánto tiempo?	wie lange?
¿cuántos? (m)	wie viele?
¿cuántas? (w)	wie viele?

Etliche Fragewörter sind mit Bindewörtern identisch. Um sie von diesen zu unterscheiden, werden Fragewörter mit einem Akzent geschrieben, Bindewörter nicht, z. B. ¿cuándo? (wann?), aber cuando (wenn, als).

¿Hola, cómo le va?
hallo wie Ihnen (es-)geht
Hallo, wie geht es Ihnen?

¿Cuánto vale esta bolsa?
wieviel (sie-)kostet diese Tasche
Wieviel kostet diese Tasche?

¿Cuándo llega el bus?
wann (er-)ankommt der Bus
Wann kommt der Bus an?

¿Cómo te llamas?
wie dich (du-)rufst
Wie heißt du?

¿Quién es?
wer (er-/sie-)ist
Wer ist das?

¿Qué es eso?
was (es-)ist dies
Was ist das?

¿Dónde vives?
wo (du-)lebst
Wo wohnst du?

Auffordern & Befehlen

Die Bildung der Befehlsform (Imperativ) ist einfach, wenn man den Ansprechpartner duzt. Dann ist die Befehlsform mit der 3. Person Einzahl Gegenwart („er/sie ...“) identisch.

habla	er/sie spricht	**¡habla!**	sprich!
come	er/sie isst	**¡come!**	iss!
vive	er/sie lebt	**¡vive!**	leb!

¡Habla más alto!
sprich(-du) mehr hoch
Sprich lauter!

¡Come, Francisco!
iss(-du) Francisco
Iss, Francisco!

Wird eine Person gesiezt, geht man von der Du-Befehlsform Einzahl aus: Die Endung **-a** wird regelmäßig durch **-e** ersetzt, und **-e** wird durch **-a** ersetzt. (Im Spanischen ist dies die Möglichkeitsform, genannt subjuntivo).

¡habla!	sprich!	**¡hable!**	sprechen Sie!
¡come!	iss!	**¡coma!**	essen Sie!
¡vive!	leb!	**¡viva!**	leben Sie!

Oft wird der Sie-Befehlsform darüber hinaus Usted nachgestellt:

¡Hable Usted!
sprechen Sie
Sprechen Sie!

¡Coma Usted todo!
essen Sie alles
Essen Sie alles!

¡Viva Usted bien!
leben Sie gut
Leben Sie wohl!

Fordert man mehrere Personen zu etwas auf, geht man von der 3. Person Mehrzahl („sie“) aus: Die Endung **-an** wird durch **-en** ersetzt, und **-en** wird durch **-an** ersetzt:

hablan
sie sprechen

¡hablen!
sprecht!/sprechen Sie!

comen
sie essen

¡coman!
esst!/essen Sie!

viven
sie leben

¡vivan!
lebt!/leben Sie!

Unregelmäßige Befehlsformen bilden folgende häufig gebrauchte Verben (hier nur die wichtigsten):

ir(se) gehen	**¡ve(te)!** geh!	**¡vaya(se)!** gehen Sie!
dar geben	**¡da!** gib!	**¡dé!** geben Sie!
decir sagen	**¡di!** sag!	**¡diga!** sagen Sie!
oír hören	**¡oye!** hör!	**¡oiga!** hören Sie!
salir weggehen	**¡sal!** geh fort!	**¡salga!** gehen Sie fort!
tener haben	**¡ten!** hab!	**¡tenga!** haben Sie!
venir kommen	**¡ven!** komm!	**¡venga!** kommen Sie!
ver sehen	**¡ve!** sieh!	**¡vea!** sehen Sie!

¡Ven aquí!
komm(-du) hier
Komm her!

¡Tome Usted esto!
nehmen Sie dies
Nehmen Sie das hier!

Die Sie-Befehlsform wird mit vorangestelltem no (nicht) verneint:

¡hable!
sprechen Sie!

¡no hable!
sprechen Sie nicht!

¡haga!
machen Sie!

¡no haga!
machen Sie nicht!

Die Verneinung der Du-Befehlsform ist komplizierter, da nicht nur no (nicht) vorangestellt wird, sondern sich auch die Befehlsform verändert. Im Spanischen wird bei der Verneinung nämlich die Möglichkeitsform (subjuntivo) verlangt, auf deren Erklärung wir hier aus Gründen der Übersicht verzichten. Sicherlich wird man auch verstanden, wenn man der Befehlsform einfach nur no voranstellt.

Eine Besonderheit ist hier noch zu erwähnen: Werden die gebeugten persönlichen oder die rückbezüglichen Fürwörter in eine Befehlsform eingebaut, so werden sie an diese angehängt:

me dice	*mir (er-/sie-)sagt*	er/sie sagt mir
¡dime!	*sag-mir*	sag mir!
¡dímelo!	*sag-mir-es*	sag es mir!
se va	*sich (er-/sie-)geht*	er/sie geht weg
¡vete!	*geh-dich*	geh weg

Verlaufsform

Die im Spanischen sehr häufig verwendete Verlaufsform ist eine Konstruktion, die in vergleichbarer Form im Deutschen nicht benutzt wird (wohl aber im Englischen). Man bezeichnet damit eine gerade ablaufende Handlung. Die Verlaufsform setzt sich aus der jeweiligen gebeugten Form von estar (sein) und dem Partizip I (Mittelwort der Gegenwart, z. B.: „sprechend, essend") zusammen.

Wie das Partizip II (z. B. „gesprochen, gegessen") wird auch das Partizip I ganz regelmäßig gebildet, indem die Endung des Infinitivs (Grundform) durch **-ando** bzw. **-iendo** ersetzt wird.

-ar	→	**-ando**	**hablar** (sprechen)	**hablando** (sprechend)
-er	→	**-iendo**	**comer** (essen)	**comiendo** (essend)
-ir	→	**-iendo**	**vivir** (leben)	**viviendo** (lebend)

Ella está escribiendo una carta.
sie (sie-)ist schreibend eine Brief
Sie schreibt gerade einen Brief.

Están saliendo.
(sie-)sind weggehend
Sie sind dabei fortzugehen.

Todavía están durmiendo.
noch (sie-)sind schlafend
Sie schlafen noch.

Bindewörter (Konjunktionen)

Aus der Vielzahl der Bindewörter, die Sätze oder Satzteile verknüpfen, seien hier die wichtigsten genannt:

y / o	und / oder
pero	aber
aunque	obwohl
porque	weil
si	wenn, falls; ob
cuando	wenn, als; sobald

Einige Bindewörter werden in verschiedenen Bedeutungen verwendet:

Si viene él, yo me quedo.
wenn (er-)kommt er ich mich (ich-)bleibe
Wenn er kommt, bleibe ich hier.

A ver si viene.
zu sehen ob (er-/sie-)kommt
Mal sehen, ob er/sie kommt.

Die Funktionen von que sind besonders vielfältig. Es übernimmt die Bedeutung des deutschen „dass“, tritt aber auch als Relativpronomen „welche(-r, -s)“ oder als Vergleichspartikel „als“ im Vergleichssatz auf:

Dice que viene pronto.
(er-/sie-)sagt dass (er-/sie-)kommt bald
Er/sie sagt, dass er/sie bald komme.

La mesa que está allí.
die Tisch welche (sie-)ist dort
Der Tisch, der dort steht.

Isabel trabaja mejor que otros.
Isabel (sie-)arbeitet besser als andere
Isabel arbeitet besser als andere.

Verhältniswörter (Präpositionen)

a	nach, zu	**en**	in, an, auf
bajo	unter	**entre**	zwischen
cerca de	nahe bei	**fuera de**	außerhalb von
con	mit	**hacia**	gegen, in Richtung
contra	gegen	**hasta**	bis
de	von, aus	**junto a**	neben
delante de	vor	**para**	für
dentro de	innerhalb von	**por**	wegen; durch; für
desde	von ... aus; seit	**sin**	ohne
detrás de	hinter	**sobre**	auf

Die Verhältniswörter werden nicht immer wie im Deutschen benutzt. Eine markante Schwierigkeit ist z. B. die Unterscheidung von para und por (siehe nächste Seite).

Mit para wird ein Zweck, eine Bestimmung oder eine persönliche Ansicht bezeichnet.

Esta hamaca es un regalo para mi hermano.
diese Hängematte (sie-)ist ein Geschenk für mein Bruder
Diese Hängematte ist ein Geschenk für meinen Bruder.

Para él es una cosa extraordinaria.
für er (es-)ist eine Sache außergewöhnliche
Für ihn ist es eine außergewöhnliche Sache.

Por dient einmal zur Angabe eines Grundes oder einer Ursache, dann aber auch als Orts- oder Zeitangabe.

Él se queda dentro de la casa por la lluvia.
er sich (er-)bleibt drinnen von die Haus wegen die Regen
Er bleibt im Haus wegen des Regens.

Viaja por la República Dominicana.
(er-/sie-)reist durch die Republik dominikanische
Er/sie reist durch die Dominikanische Republik.

Besonders zu beachten ist, dass man bei dem Hinweis auf das benutzte Verkehrsmittel nicht con (mit) wie man vom Deutschen her erwarten könnte , sondern en (in) verwendet:

Verhältniswörter (Präpositionen)

No vamos en taxi, sino en bus.
nicht (wir-)fahren in Taxi, sondern in Bus
Wir fahren nicht mit dem Taxi, sondern mit dem Bus.

Stehen die Verhältniswörter a *und* de *vor dem bestimmten männlichen Artikel* el, *bilden sie zusammen mit diesem eine neue Form.*

a	+	**el**	=	**al**	(zu dem, zum, nach dem)
de	+	**el**	=	**del**	(von dem, vom)

Mit dem weiblichen Artikel (a la/las, de la/las) und mit dem männlichen Artikel Mehrzahl (a los, de los) verschmelzen sie jedoch nicht.

Samana Kinder am Strand

Zahlen & Zählen

Grundzahlen

0	cero	10	diez
1	uno, un, una	11	once
2	dos	12	doce
3	tres	13	trece
4	cuatro	14	catorce
5	cinco	15	quince
6	seis	16	dieciséis
7	siete	17	diecisiete
8	ocho	18	dieciocho
9	nueve	19	diesinueve
		20	veinte
		30	treinta
		40	cuarenta
		50	cincuenta
		60	sesenta
		70	setenta
		80	ochenta
		90	noventa

Uno wird (auch bei zusammengesetzten Zahlen) vor einem männlichen Hauptwort zu un und vor einem weiblichen Hauptwort zu una.

Im Gegensatz zum Deutschen stellt man die Einer den Zehnern nach, diese wiederum den Hunderten usw. Nur zwischen Zehner und Einer wird y (und) geschoben.

Ausnahmen sind lediglich die zusammengesetzten Zahl von 21 bis 29:

21	veintiuno, -ún, -una
22	veintidós
23	veintitrés
31	treinta y uno / un / una
32	treinta y dos
33	treinta y tres
74	setenta y cuatro
85	ochenta y cinco
96	noventa y seis

Bei zusammengesetzten Zahlen heißt „100" nicht cien*, sondern* ciento*, ab „200" jedoch* cientos *(m) bzw.* cientas *(w), je nach Geschlecht des dazugehörigen Hauptwortes.* ***Achtung bei 500, 700 und 900!***

100	cien (ciento)
101	ciento uno/un/una
200	doscientos / -as
300	trescientos / -as
400	cuatrocientos / -as
500	quinientos / -as
600	seiscientos / -as
700	setecientos / -as
800	ochocientos / -as
900	novecientos / -as
1000	mil
2000	dos mil
3000	tres mil (usw.)
10.000	diez mil

una hora
eine Stunde
eine Stunde

veintiún libros
zwanzig-und-ein Bücher
21 Bücher

ciento cuarenta y una vacas
hundert vierzig und eine Kühe
141 Kühe

setecientos treinta y tres pesos
siebenhunderte dreißig und drei Pesos
733 Pesos

Ordnungszahlen

Ordnungszahlen verhalten sich wie Eigenschaftswörter und richten sich in Zahl und Geschlecht nach dem dazugehörigen Hauptwort, dem sie in der Regel vorangestellt sind. Die weibliche Form der Ordnungszahl erhält man, indem man die Endung **-o** durch **-a** ersetzt.

primero	erster
segundo	zweiter
tercero	dritter
cuarto	vierter
quinto	fünfter
sexto	sechster
séptimo	siebter
octavo	achter
noveno	neunter
décimo	zehnter

Bei den Ordnungszahlen primero (erster) und tercero (dritter) entfällt die Endung **-o** vor männlichen Hauptwörtern.

el primer piso	erster Stock
el segundo piso	zweiter Stock

Es la tercera vez que estoy en la República Dominicana.
(es-)ist die dritte Mal dass (ich-)bin in die Republik dominikanische
Es ist das dritte Mal, dass ich in der Dominikanischen Republik bin.

Bruchzahlen

medio	halb
un tercio	ein Drittel
la mitad	die Hälfte
un cuarto	ein Viertel

Zeit & Datum

Allgemeine Zeitangaben

hoy	heute
mañana	morgen
pasado mañana	übermorgen
ayer	gestern
anoche	gestern abend
anteayer	vorgestern
por la mañana	morgens
al mediodía	mittags
por la tarde	nachmittags
por la noche	abends/nachts
diariamente	täglich
(más) temprano	früh(er)
(más) tarde	spät(er)
antes/después	vor-/nachher
ya	schon
ya no	nicht mehr
todavía	noch
todavía no	noch nicht
ahora	jetzt
de inmediato/ en seguida	sofort, gleich
pronto	bald
luego, entonces	dann
a veces/ de vez en cuando	manchmal
muchas veces	oft
siempre	immer
nunca	nie

hace una semana
(es-)macht eine Woche
vor einer Woche

desde ayer
seit gestern
seit gestern

de hoy en tres días
von heute in drei Tage
in drei Tagen

Uhrzeit

Zur Angabe der Uhrzeit wird das Verb ser (sein) benutzt. Die Stunde wird immer mit dem bestimmten Artikel genannt; da hora (Stunde) ein weibliches Hauptwort ist, werden jeweils die weiblichen Formen gewählt.

¿Qué hora es?
was Stunde (es-)ist
Wie spät ist es?

¿Qué horas son?
was Stunden (sie-)sind
Wie spät ist es?

Es la una.
(es-)ist die eine
Es ist ein Uhr.

Son las dos.
(sie-)sind die zwei
Es ist zwei Uhr.

Son las tres.
(sie-)sind die drei
Es ist drei Uhr.

Im allgemeinen werden die Stunden nur im 12-Stunden-Rhythmus gezählt, eine Angabe wie etwa „achtzehn Uhr" ist unüblich. Um Missverständnisse zu vermeiden, kann die Tageszeit hinzugefügt werden:

... de la mañana ... morgens
... von die Morgen

... de la tarde ... nachmittags
... von die Nachmittag

... de la noche ... abends/nachts
... von die Nacht

Son las seis de la mañana / de la tarde.
(sie-)sind die sechs von die Morgen / von die Nachmittag
Es ist sechs Uhr früh (6.00) / abends (18.00).

Minuten, Viertelstunden und halbe Stunden werden zu den vollen Stunden mit **y** hinzugezählt oder auf die folgende volle Stunde mit para (für) bezogen.

las cinco y diez
die fünf und zehn
zehn nach fünf

cinco para las ocho
fünf für die acht
fünf vor acht

las dos y media
die zwei und halbe
halb drei

la una y cuarto
die eine und Viertel
Viertel nach eins

un cuarto para las tres
ein Viertel für die drei
Viertel vor drei

Es mediodía.
(es-)ist Mittag
Es ist zwölf Uhr mittags.

Es medianoche.
(es-)ist Mitternacht
Es ist Mitternacht.

Son las dos en punto.
(sie-)sind die zwei in Punkt

Son las dos y pico.
(sie-)sind die zwei

¿A qué hora vienes?
zu was Stunde (du-)kommst
Um wieviel Uhr kommst du?

A las cinco.
zu die fünf
Um fünf.

Wochentage

lunes	Montag
martes	Dienstag
miércoles	Mittwoch
jueves	Donnerstag
viernes	Freitag
sábado	Samstag
domingo	Sonntag
día feriado	Feiertag

Nos vemos el sábado.
uns (wir-)sehen der Samstag
Wir sehen uns am Samstag.

Los lunes muchos museos están cerrados.
die Montage viele Museen (sie-)sind geschlossen
Montags sind viele Museen geschlossen.

Wendungen wie „am Montag" oder „montags" werden im Spanischen mit dem bestimmten Artikel ausgedrückt.

Monate

enero	Januar
febrero	Februar
marzo	März
abril	April
mayo	Mai
junio	Juni
julio	Juli
agosto	August
septiembre	September
octubre	Oktober
noviembre	November
diciembre	Dezember

en el mes de julio
in der Monat von Juli
im Monat Juli

en julio
in Juli
im Juli

Datum

Beim Datum wird lediglich der erste des Monats als Ordnungszahl angegeben, sonst werden die Tage mit den Grundzahlen benannt. Bei den Jahreszahlen zählt man nicht wie im Deutschen mit Vielfachen von Hundert (z. B. „Neunzehnhundert"), sondern mit mil (tausend).

¿Qué fecha tenemos?
was Datum (wir-)haben
Welches Datum haben wir?

el quince de septiembre
der fünfzehn von September
den 15. September

el primero de octubre de mil novecientos noventa y nueve
der erste von Oktober von tausend neunhunderte neunzig und neun
der 1. Oktober 1999

Nací el seis de mayo ...
(ich-)geboren-wurde der sechs von Mai ...
Ich wurde am 6. Mai ... geboren.

¿Qué día tenemos hoy?
was Tag (wir-)haben heute
Welchen Tag haben wir heute?

Hoy es sábado.
heute (es-)ist Samstag
Heute ist Samstag.

Jahreszeiten

la primavera	Frühling
el verano	Sommer
el otoño	Herbst
el invierno	Winter

Die Bezeichnungen für die Jahreszeiten werden stets mit dem Artikel verwendet.

Maße & Mengenangaben

un centímetro	1 cm
un metro	1 m
un kilómetro	1 km
un litro	1 l
un gramo	1 g
un kilogramo	1 kg
una mano	eine Handvoll
una botella	eine Flasche
una ración	eine Portion
un montón	ein Haufen, viel
un poquito	ein bisschen
una docena	ein Dutzend
un vaso	ein Glas
quimbambas	weit entfernt
vara	Elle, ca. 83,6 cm
brazada	Längenmaß, entspricht „dos varas“, also ca. 1,67 m

Tauchvergnügen

Kurz-Knigge

Zwei bis drei Millionen Touristen kommen alljährlich in die Dominikanische Republik, das hinterlässt Spuren - sollte man meinen. Dem ist auch so, aber nach meinen Erfahrungen längst nicht so negative, wie auf andren Karibischen Inseln. Sie können dazu beitragen, dass es so bleibt.

Die Dominikaner behaupten von sich, die höflichsten Menschen der Welt zu sein. Zweifelsfrei beurteilen wird das wohl niemand können, aber sie kommen dem eindeutig sehr nahe. Jeder Besucher wird die Warmherzigkeit und Freundlichkeit recht schnell bemerken und entsprechend sollte jeder höflich lächelnd dies erwiedern. Jedes Gespräch, und sei es noch so radebrechend, sollten deshalb mit por favor (bitte) und gracias (danke) geführt werden. Das kann schließlich jeder lernen.

Am Strand wird lässige Kleidung toleriert, aber schon in vielen Hotels nicht mehr. Zum Abendessen werden oft genug von den Herren lange Hosen erwartet, die Damen sieht man dann ebenfalls etwas formeller gekleidet. Das setzt sich fort bei Ausflügen und Stadtbesichtigungen. Kein Dominikaner wird in Santo Domingo mit Shorts herumlaufen, keine Dominikanerin im Top oder Bikinioberteil.

Bekannte, Freunde und Familienangehörige begrüßen sich mit einem Küsschen (nur links), Fremde werden mit Handschlag empfangen. Aus einem Fremden kann aber sehr schnell ein Freund werden, und der wird dann ab dem zweiten Mal auch geküsst. Männer begrüßen zumindest fremde Frauen per Handschlag, um keine Missverständnisse aufkommen zu lassen.

Pünklichkeit ist ein dehnbarer Begriff, bloß nicht drauf pochen. Wie sagte doch der TUI-Mann so schön bei der Begrüßung der eben gelandeten Gäste: „Es ist jetzt 13.37 Uhr, aber den Minutenzeiger können Sie hier eigentlich vergessen." Das trifft's. So werden nicht selten Veranstaltungen eine Stunde früher angesetzt als geplant, dann sind beim eigentlichen Beginn schließlich alle da.

Das berühmt-berüchtigte mañana steht dabei eigentlich nicht für „morgen", sondern mehr für „später" oder „noch nicht".

Der Tagesablauf beginnt früh, auf dem Lande sehr früh. Dort wird gegen 5.00 Uhr aufgestanden, leicht gefrühstückt und bis mittags gearbeitet. Bis etwa 15.00 wird wegen der Hitze Siesta gehalten und nochmals bis 18.00 Uhr (Sonnenuntergang) gearbeitet, aber nicht mit gleicher Intensität. Um 21.00, 22.00 Uhr wird dann das Bett aufgesucht. Wer sich also zufällig mal in einem Dorf aufhält, sollte diesen Tagesablauf berücksichtigen. In der Stadt bleiben die Leute allerdings bis Mitternacht auf.

Die Mittagsmahlzeit wird wie im Gegensatz zu vielen lateinamerikanischen Ländern um 12.00, 13.00 Uhr eingenommen (und nicht erst um 15.00 Uhr), danach gibt's eine kurze Siesta und um 17.00 Uhr ist Büroschluss.

Eine Einladung ist nur ernst gemeint, wenn ein genauer Termin vereinbart wurde, aufgrund einer generellen Einladung wird sich niemand auf den Weg machen.

Wer unterwegs nach dem Weg fragt, muss aufpassen. Ein poquito lejo' (kleinwenig weit) kann sehr viel bedeuten, ebenso der Hinweis, dass der gesuchte Ort nur 10 Minuten entfernt sei. Zehn Minuten? Das ist abhängig davon, wie der Gefragte unterwegs ist: per Auto, per Moped, per Pferd oder zu Fuß.

Namen & Anrede

Die Dominikaner tragen, wie praktisch alle Lateinamerikaner, zwei Nachnamen (apellidos). Diese setzen sich aus dem jeweils ersten Nachnamen des Vaters und der Mutter zusammen, wobei der des Vaters immer zuerst genannt wird. Das führt dann auch dazu, dass die Kinder Namen tragen, die von denen der Eltern abweichen. Obendrein tragen sie meist zwei Vornamen (nombres). Beispiel:

	Vorname	Nachname		
	1.	2.	1.	2.
Vater	**José**	**Antonio**	**López**	**Vázquez**
Mutter	**María**	**Elena**	**González**	**Aldecoa**
Sohn	**Juan**	**Carlos**	**López**	**González**
Tochter	**Ana**	**Isabel**	**López**	**González**

Im Alltag wird der zweite Nachname nicht genannt, der Vater würde also mit Señor López angesprochen, seine Ehefrau entsprechend mit Señora González.

Eine respektvollere Anrede wäre Don bzw. die weibliche Entsprechung Doña vor dem ersten Vornamen. In unserem Falle also: Don José – Doña María *

** Aber Achtung: Während eine Doña auch durchaus arm sein kann, wird die Anrede Don tatsächlich nur bei wirtschaftlich gut gestellten Männern gewählt.*

Begrüßen

Guten Tag *(am Vormittag)*	**buenos días** *gute Tage*
Guten Tag *(am Nachmittag, teilweise auch am frühen Abend)*	**buenas tardes** *gute Nachmittage*
Gute Nacht	**buenas noches** *gute Nächte*
Verkürzung von „buenas tardes" oder „buenas noches"	**buenas** *gute*
eine weitere Verkürzungs-Form von „buenas tardes" bzw. „buenas noches"	**muy buenas** *sehr gute*
	hola *Hallo*
Hallo, schönen guten Tag.	**Hola, muy buenas.** *hallo sehr gute*

am Telefon, bei Freunden:

Hallo, wie geht's?	**¿Hola, cómo estás?** *hallo wie (du-)bist*

Gute Bekannte aus dem Cibao begrüßen sich auch so:

eigentlich:
¿Cómo tú estás?

¿Cómo tú e'tá?
wie du (du-)bist
Wie geht's dir?

Nach dieser ersten Begrüßung folgt eine höfliche Frage nach dem Befinden. Je nachdem, wie gut man sich kennt, können die Fragen unterschiedlich ausfallen.

¿Cómo está Usted?
wie (er/sie-)ist Sie
Wie geht es Ihnen?

¿Cómo estás?
wie (du-)bist
Wie geht es Dir?

¿Cómo le va?
wie ihnen (er/sie-)geht
Wie geht es Ihnen?

Dominikanisch auch:
¡Huepa!
Unübersetzbar, etwa bei der Begrüßung eines Freundes, Ausdruck einer positiven Überraschung.

¿Hola, qué tal?
hallo was solcher
Hallo, wie geht's?

Dominikanismen:

so la la	**entre dos** *zwischen zwei*
unübersetzbar, etwa: muss ja, na ja	**aaii - aaii**
du siehst ja	**ya tú ve'** (*eigentlich:* ya tú ves) *schon du (du-)siehst*
normal	**regular** *regulär*
soweit normal	**regularcito** *regulärchen*

Genau will das sowieso niemand wissen, mögliche Antworten:

Danke, sehr gut.	**Muy bien, gracias.** *sehr gut danke*
Danke, sehr gut, und dir / und Ihnen?	**Muy bien, gracias, ¿y tú / y Usted?** *sehr gut danke und Du / und Sie*
einigermaßen	**como siempre** *wie immer*
geht so	**más o menos** *mehr oder weniger* geht so
Was gibt's Neues?	**¿Qué me cuentas?** *was mir (du-)erzählst*

Sich/Jemanden vorstellen

Ich stelle Ihnen / dir Oscar vor.	**Le / te presento a Oscar.** *Ihnen / dir (ich-)vorstelle zu Oscar*
Mein Name ist ...	**Mi nombre es ...** *mein Name (er-)ist*
Ich heiße ...	**Me llamo ...** *mich (ich-)rufe*

oder eine etwas respektvollere Form, heute aber kaum noch in Gebrauch:

Ich heiße Juan Luis, zu Ihren Diensten.	**Me llamo Juan Luis, a servirle.** *mich (ich-)rufe Juan Luis zu dienen-Ihnen*
Freut mich.	**Encantado. / Encantada.** *entzückt (m / w)*
Freut mich, Sie kennenzulernen / dich kennenzulernen.	**Mucho gusto en conocerle / conocerte.** *viel Geschmack in kennenlernen-Ihnen / kennenlernen-dich*
Ganz meinerseits.	**Igualmente.** *gleichfalls*

Verabschieden

auf Wiedersehen	**adiós** *zu-Gott*
bis dann, bis später	**hasta luego**
bis morgen	**hasta mañana**
bis bald	**hasta pronto**
bis später	**hasta más tarde** *bis mehr spät*
Wir sehen uns!	**¡Nos vemos!** *uns (wir-)sehen*
bis zum nächsten Mal	**hasta la próxima** *bis die nächste*
Alles Gute!	**¡Qué le / te vaya muy bien!** *dass Ihnen / dich (er/sie-)gehe sehr gut*
Tschüß!	**¡Bai !** *(vom englischen „goodbye“)*

Bitten

Diese Begriffe sind mehr als Höflichkeitsfloskeln, sie dürfen niemals fehlen, bezeugen immer auch einen gewissen Respekt.

por favor
für Gefallen
bitte

Diese Form wird aber nicht als Antwort genommen. Wenn man also jemandem beispielsweise etwas gibt und der sich mit gracias (danke) bedankt, entgegnet man nicht *por favor* sondern

de nada
von nichts
gern geschehen, keine Ursache

Dominikanisch auch: siempre *immer (als Abkürzung von* siempre a su órden *= immer zu Ihren Diensten)*

¿Permiso? / ¿Con permiso?
Erlaubnis / mit Erlaubnis
Darf ich? / Erlauben Sie?

¿Me permite?
mir (er/sie-)erlaubt
Erlauben Sie?

¿Se puede?
man (er/sie-)kann
Darf man?, Darf ich?

Danken

danke — **gracias**

vielen Dank — **muchas gracias**
viele danke

vielen, vielen Dank / tausend Dank — **muchísimas gracias**
vielst danke

sehr freundlich — **muy amable**

gern geschehen, keine Ursache — **de nada**
von nichts

Altos de Chávon

Wünschen

¡Suerte!
Glück!

¡Qué tengas mucha suerte!
dass (du-)habest viele Glück
Ich wünsch' dir viel Glück.

¡Feliz año nuevo!
glückliches neues Jahr

¡Felicidades!
Glückwünsche!

¡Feliz cumpleños!
herzlichen Glückwunsch zun Geburtstag

¡buen viaje!
gute Reise!

Eine Floskel, die beispielsweise in einem Restaurant zu hören sein kann, wenn der Kellner das Gericht oder auch das Getränk gebracht hat, ist:

¡Qué disfrutes!
dass (du-)genießest
Wohl bekomm's. / Lass es dir schmecken.

Floskeln

Sich entschuldigen

Entschuldigung!	**¡Perdón!**
Entschuldige! / Entschuldigen Sie!	**¡Disculpa! / ¡Disculpe!**
Tut mir leid!	**¡Lo siento!** *ihn (ich-)fühle*
	mögliche Antworten:
Nur mit der Ruhe!	**¡Tranquilo!** *ruhig*
Es ist nichts passiert.	**No pasó nada.** *nicht (er/sie-)passierte nichts*
Reg dich nicht auf! Mach dir keine Gedanken!	**¡No te preocupes!** *nicht dich aufreg*
Das ist nicht wichtig! Das hat keine Bedeutung!	**¡No importa!** *nicht (er/sie-)bedeutet*

Berichten – Meinen

Ich glaube, dass ...	**Creo que ...** *(ich-)glaube dass*
meiner Meinung nach	**en mi opinión** *in meine Meinung*
Mir scheint, dass ...	**Me parece que ...** *mir (er/sie-)scheint dass*
Ich denke, dass ...	**Pienso que ...** *(ich-)denke dass*
die Meinung ändern	**cambiar la chaqueta** *wechseln die Jacke*

Ein Satz wird nicht selten mit ¡Mira! (Schau mal!) oder ¡Mire! (Schauen Sie!) eingeleitet, was aber nur ein Füllwort darstellt. Gebräuchlich sind auch:

Pass auf! / Passen Sie auf!	**¡Fíjate! / ¡Fíjese!** *festmach-dich / festmachen(-Sie)-sich*
Hör' mal! / Hören Sie!	**¡Oye! / ¡Oiga!** *hör / hören(-Sie)*
Hör mal zu! *Diese Form wird gerne auch verkürzt zu:*	**¡Escucha!** *zuhör* **¡"cucha!**

Zustimmen– Vorschlag annehmen

ja	**sí**
Aber klar!	**¡Claro que sí!** *klar dass ja*
ist gut, in Ordnung	**Está bien.** (oder die Verkürzung **'tá bien**) *(er/sie-)ist gut*
geht klar, ist geritzt	**'tá duro** (eigentlich: **está duro**) *(er-)ist hart*
exakt	**exacto / 'xacto**
perfekt	**perfecto**
Einverstanden!	**¡De acuerdo!** *von Übereinkunft*
Selbstverständlich!	**¡Por supuesto!** *für Voraussetzung*
Toll	**¡Qué barbaridad!** *was Barbarei!*
Warum nicht?	**¿Cómo no?** *wie nein*

Schließlich gibt es noch das unvermeidbare **¡Okay!**

¿Cómo no? *wird sehr oft als Füllwort gebraucht, beispielsweise, wenn man nach einem Busticket fragt oder am Tresen nach einem Bier etc.*

Ablehnen

Nein, danke.	**¡No, gracias!**
Es gefällt mir nicht.	**No me gusta.** *nicht mir (er/sie-)gefällt*
Ich glaube nicht.	**Creo que no.** *(ich-)glaube dass nein*
Ich möchte das nicht.	**No lo quiero.** *nicht ihn (ich-)will*
Ich bin nicht einverstanden.	**No estoy de acuerdo.** *nicht (ich-)bin von Einigung*
Davon will ich nichts hören!	**¡De eso nada!** *von diesem nichts*
Das (auch: er/sie) gefällt mir nicht.	**No me cae bien.** *nicht mir (er/sie-)fällt gut*

„härtere“ Ablehnungen, Dominikanismen:

Scher dich zum Teufel!	**¡Vete al diablo!** *geh-dich zum Teufel*
Hau ab!	**¡Lárgate!** *verschwinde-dich*
Geh zum Teufel!	**¡Vete al carajo!** *geh-dich zum Schwanz*
Misch dich nicht ein!	**¡No te metes!** *nicht dich steck*

Sich freuen

So eine Freude!	**¡Qué alegría!** *was Freude*	*und die Anlehnung an Uncle Sam:* heavy, man tolle Sache, cool
Es freut mich.	**¡Me encanta!** *mich (er/sie-)verzaubert*	
Wie schön!	**¡Qué bueno!** *was gut*	
Wie hübsch!	**¡Qué lindo!** *was hübsch*	
Wie lecker!	**¡Qué rico!** *was reich*	*wird hauptsächlich beim Loben von Speisen gebraucht*
Das gefällt mir sehr.	**Me gusta mucho.** *mir (er/sie-)gefällt viel*	

kann auch gesagt werden, wenn einem jemand sympathisch ist:

Du gefällst mir.	**Me gustas mucho.** *mir (du-)gefällst viel*	

Dominikanismen:

geil, cool	**qué chulo** *was frech*	
Super!	**coño** *Fotze*	*hier ein Ausruf der Freude oder Begeisterung*

Überrascht sein

¡No me digas!
nicht mir sag
Was du nicht sagst!

!Dios mío!
Gott mein
Mein Gott!

¿Cómo?
Wie?

¡Vaya!
gehen(-Sie)
Donnerwetter!

¿Verdad que sí?
Wahrheit dass ja
Tatsächlich?

¡Casi no me lo creo!
fast nicht mir ihn (ich-)glaube
Das kann ich kaum glauben!

¡Increíble!
Unglaublich!

Gleichgültig sein

Das ist mir egal.	**Eso me da igual.** *dies mir (er/sie-)gibt gleich*
Das ist mir egal. / Das interessiert mich nicht.	**A mí no me importa.** *zu mir nicht mir (er/sie-)bedeutet*
Na und?	**¿Y qué?** *und was*
Machen Sie, was Sie wollen!	**¡Haga lo que quieras!** *machen(-Sie) ihn dass (Sie-)wünschten*
Wie du möchtest.	**¡Como tú digas!** *wie du (du-)sagtest*

Mitleid haben

Ärmste(r)!	**¡Pobrecito/Pobrecita!**
Wie traurig! / Wie schade!	**¡Qué pena!** *was Leid*
So ein Pech!	**¡Mala suerte!** *schlechte Glück*
Keine Sorge! / Mach dir keine Sorgen!	**¡No te preocupes!** *nicht dich sorg*

Ein erstes Gespräch

Viele der alljährlich auf die Insel kommenden Touristen versuchen ihr sprachliches Glück gleich mit Englisch. Wer sich aber bemüht, mit Spanisch eine Konversation zu starten, sagen wir mal, damit es leichter von der Zunge geht, abends im Hotel an der Bar, kann mit einiger Wahrscheinlichkeit einen Gesprächsverlauf wie diesen erleben:

Zwei Bier, bitte.	**Dos cervezas, por favor.** *zwei Bier für Gefallen*
Hier kommen sie. Sie sprechen sehr gut Spanisch.	**Aquí las tiene. Usted habla muy bien español.** *hier sie (er/sie-)hat Sie (er/sie-)spricht sehr gut spanisch*
Danke, aber ich spreche nur ein wenig.	**Gracias, pero sólo sé hablar un poquito.** *danke aber nur (ich-)weiß sprechen ein wenigchen*
Von wo kommen Sie?	**¿De dónde es Usted?** *von wo (er/sie-)ist Sie* *alternativ:*
Aus welchem Land stammen Sie?	**¿De qué país es Usted?** *von was Land (er/sie-)ist Sie*
Ich bin Deutscher/ Schweizer/Österreicher.	**Soy alemán/suizo/austriaco.**
Frauen sagen:	**Soy alemana/suiza/austriaca.**

Ah, Deutschland/Schweiz/ Österreich, wie schön.	**Ay, Alemania/Suiza/Austria, qué bueno!** *ay, Deutschland/ Schweiz/ Österreich was gut* *(begleitet von anerkennendem Kopfnicken und möglichen Ergänzungen wie: Klinsmann – Rummenigge – Mercedes)*
Aus welcher Gegend?	**¿De qué parte?** *von was Teil*
Ich lebe im Norden, nicht weit von Hamburg.	**Yo vivo en el norte, cerca de Hamburgo** *ich (ich-)lebe in der Norden nahe von Hamburg*
Ich komme aus Hato Mayor (ein Ort im Ostteil).	**Yo soy de Hato Mayor.** *ich (ich-)bin von Hato Mayor*
Wie heißen Sie?	**¿Cómo se llama Usted?** *wie sich (er/sie-)nennt Sie*
Ich heiße Hans.	**Me llamo Hans.** *mich (ich-)rufe Hans*
Mein Name ist Juan Óscar Ramírez Sánchez, angenehm.	**Mi nombre es Juan Óscar Ramírez Sánchez, encantado.** *mein Name ist Juan Óscar Ramírez Sánchez verzaubert*
Sind Sie zum ersten Mal hier?	**¿Está Usted por primera vez aquí?** *(er/sie-)ist Sie für erste Mal hier*
Nein, zum dritten Mal.	**No, es la tercera vez.** *nein (sie-)ist die dritte Mal*

Ein erstes Gespräch

Gefällt Ihnen das Land?	**¿Le gusta el país?** *Ihnen (er-)gefällt der Land*	
Ja, es ist sehr schön, und vor allem ist es wärmer.	**Sí, es muy lindo y sobre todo hace más calor!** *ja (er-)ist sehr schön und über alles (er/sie-) macht mehr Wärme*	
Ist es in Deutschland oft kalt?	**¿En Alemania hace mucho frío?** *in Deutschland (er/sie-)macht viel Kälte*	
Ja, es ist nicht vergleichbar.	**Sí, no es comparable.** *ja nicht (er/sie-)ist vergleichbar*	
Wie lange sind Sie hier?	**¿Cuánto tiempo lleva aquí?** *wieviel Zeit (er/sie-)trägt hier*	
Ich bin gerade angekommen.	**Acabo de llegar.** *(ich-)beende von ankommen*	
Wie lange bleiben Sie hier?	**¿Cuánto tiempo se queda aquí?** *wieviel Zeit sich (er/sie-)bleibt hier*	
Ich habe zwei Wochen Urlaub.	**Tengo dos semanas de vacaciones.** *(ich-)habe zwei Wochen von Ferien*	
Was machen Sie beruflich?	**¿En qué trabaja Usted?** *in was arbeien Sie*	

Soy ... Ich bin ...

empleado / empleada	Angestellter / Angestellte
obrero / obrera	Arbeiter / -in
jubilado / jubilada	Rentner / -in
médico / médica	Arzt / Ärztin
agricultor / agricultora	Bauer / Bäuerin
funcionario / funcionaria	Beamter / Beamtin
ama de casa	Hausfrau*
ingeniero / ingeniera	Ingeneur / -in
enfermero / enfermera	Krankenpfleger / -schwester
profesor / profesora	Lehrer / -in
mecánico / mecánica	Mechaniker / -in
policía (m + w)	Polizist / -in
escritor / escritora	Schriftsteller / -in
comerciante (m + w)	Geschäftsmann / -frau
artista (m + w)	Künstler / -in
abogado / abogada	Rechtsanwalt / Rechtsanwältin
secretario / secretaria	Sekretär / -in
vendedor / vendedora	Verkäufer / -in
científico / científica	Wissenschaftler / -in
catedrático/catedrática	Professor / -in

Studenten sagen nicht nur soy estudiante, weil diese Aussage bloß bedeutet, dass man etwas lernt, und dies gilt auch für Schüler oder Abendschüler. Studenten sagen besser:

Soy estudiante en la universidad
(ich-)bin Student in die Universitat
Ich bin Student an der Universität.

Estudio ... Ich studiere ...

arquitectura	Architektur
biología	Biologie
economía	Wirtschaft
informática	Informatik
lenguas	Sprachen
derecho	Jura
medicina	Medizin
pedagogía	Pädagogik
historia	Geschichte
psicología	Psychologie
español	Spanisch

¿Cuántos años tiene?
wieviele Jahre (er/sie-)hat
Wie alt sind Sie?

¿Tengo cuarenta años, y Usted?
(ich-)habe vierzig Jahre und Sie
Ich bin 40, und Sie?

Zu Gast sein

Es dürfte wohl eher die Ausnahme sein, dass ein Urlaubsgast von einem Dominikaner zu sich nach Hause eingeladen wird. Falls doch, sollten Sie sich dies nicht entgehen lassen, denn wann bekommt man schon mal derart tiefe Einblicke in den Alltag? Eine ernstgemeinte Einladung wird wiederholt und mit einem bestimmten Datum und Uhrzeit bestätigt. Erst dann gilt sie als „richtig" ausgesprochen. Pünktlichkeit ist hierbei nicht ganz so wichtig, das „akademische" Viertel kann allemal eingehalten werden.

¡Adelante!
vorwärts
Kommen Sie rein!

¡Pase!
vorbeigehen(-Sie)
Treten Sie doch ein!

¡Siéntese! / ¡Siéntate!
setzen(-Sie)-sich / setz-dich
Setzen Sie sich! / Nimm Platz!

¿Quiere / Quieres tomar algo?
(er/sie-)will / (du-)willst nehmen etwas
Möchten Sie / Möchtest du etwas trinken?

Das Essen ist fertig.	**La comida está lista.** *die Essen (es-)ist fertig*
Schmeckt Ihnen das Essen?	**¿Le gusta la comida?** *Ihnen (sie-)gefällt die Essen*
Ja, das Essen ist sehr gut.	**Sí, está muy rica la comida.** *ja (sie-)ist sehr reich die Essen*
Möchten Sie noch etwas?	**¿Le sirvo más?** *Ihnen (ich-)serviere mehr*
Nein danke, ich bin satt/total satt.	**No, gracias, estoy lleno/llenísimo.** *nein danke (ich-)bin voll/vollst*
Ja, ein paar Kartoffeln.	**Sí, un poquito de las papas.** *ja ein wenigchen von die Kartoffeln*
dominikanisch auch: *unübersetzbar, etwa: ein wenig oder umgangssprachlicher: noch 'ne Kelle voll*	**Sí, un chín-chín.**
Möchten Sie einen Kaffee oder Nachtisch?	**¿Quiere café o algo de postre?** *(er/sie-)will Kaffee oder etwas von Nachtisch*

Familie

Die Familie ist heilig und natürlich will man vom seltenen Gast wissen, ob er verheiratet sei, wieviel Kinder usw. Ein Vorverheiratungs-Verhältnis (um es mal irgendwie zu benennen) im Sinne von „mein Freund“ oder „meine Freundin“ gibt es nicht. Wenn, dann ist man quasi „verlobt“, der Nicht-Ehemann wird zum novio, die Verlobte zur novia. Das Wort amigo bzw. amiga gilt nur für Bekannte. So werden auch viele Kinder unehelich geboren, die werden dann auch oft criatura genannt, nicht niño. Das klingt im Deutschen (Kreatur) härter, als es gemeint ist, es bezieht sich nämlich nur auf die Tatsache, dass das Kind nicht in der eigenen Familie geboren wurde. Deshalb spricht man auch von hijo de crianza (aufgezogenes Kind), also gewissermaßen „Stiefkind“ und von la señora que me parió (die Frau, die mich gebar), wenn man nicht bei der Mutter lebt.

¿Estás casado/casada?
(du-)bist verheiratet(m/w)
Bist du verheiratet?

¿Está casado/casada?
(er/sie-)ist verheiratet(m/w)
Sind Sie verheiratet?

No, soy soltero/soltera, pero tengo novia/ novio.
nein (ich-)bin ledig(m/w) aber (ich-)habe Freundin/Freund
Nein, ich bin ledig, habe aber eine Freundin/ einen Freund.

ledig	**soltero / soltera**
Witwe(r)	**viudo / viuda**
getrennt	**separado / separada**
geschieden	**divorciado / divorciada**

¿Tiene hijos?
(er/sie-)hat Söhne
Haben Sie Kinder?

Sí, tengo un hijo y una hija.
ja (ich-)habe ein Sohn und eine Tochter
Ja, ich habe einen Sohn und eine Tochter.

la familia	die Familie
padre / madre	Vater / Mutter
aber:	
los padres	die Eltern
hijo / hija	Sohn / Tochter
aber:	
los hijos	die Kinder
hermano / hermana	Bruder / Schwester
aber:	
los hermanos	die Geschwister

esposo / esposa	Ehemann / Ehefrau
novio / novia	fester Freund, Verlobter / feste Freundin, Verlobte
abuelo / abuela	Großvater / Großmutter
tío / tía	Onkel / Tante
nieto / nieta	Enkel / Enkelin
cuñado / cuñada	Schwager / Schwägerin
suegro / suegra	Schwiegervater / Schwiegermutter
primo / prima	Cousin / Cousine
sobrino / sobrina	Neffe / Nichte

Wichtige Freunde, die fast zur Familie gehören sind auf gut dominikanisch:

cuña
etwa: hohes Tier
ein einflussreicher Mensch, jemand, der einem immer aus der Klemme hilft

pana full
wörtlich unübersetzbar, etwa: mutiger Typ
ein guter Kumpel

Unterwegs

„Lassen Sie es lieber sein!“ Die nette Dame von der TUI zeigte sich besorgt, als der Feriengast, frisch aus dem Flieger geklettert nach einem Mietwagen fragte. „Wer schon fünf, sechs Mal hier gewesen ist, der kann sich auch einen Wagen mieten. Alle anderen sollten es lieber sein lassen und sich mit den Gegebenheiten zunächst vertraut machen.“ Und die sind besser, als mancher aufs Auto fixierte glauben mag, man muss sich nur ein wenig auf das spezielle dominikanische Transportsystem einlassen.

... über Land

Hunderte von Bussen, ja, vielleicht sogar tausende brausen täglich bis in die hintersten Winkel der Insel, grob im Zeitplan von Sonnenaufgang bis -untergang, danach ebbt der Strom deutlich ab. Fahrpläne gibt's nur bei den beiden großen Busgesellschaften Caribe Tours und Metro Bus. Erstere sind so etwas wie die Zweite-Klasse-Busse, Metro Bus dagegen fährt die erste Klasse, aber sie sind mittlerweise als gleichwertig einzustufen.

In Santo Domingo stehen die zwei zentralen Busterminals, von dort starten sie strikt nach Fahrplan, auf den „Rennstrecken“ nach Santiago und Puerto Plata beinahe im Stundentakt. Unterwegs kommen immer wieder fliegende Händler an die Busse, verkaufen Getränke, Obst, Gebäck, Bananen etc., für Verpflegung ist also gesorgt.

¿Dónde está el terminal de Caribe Tours?
wo (er-)ist der Terminal von Caribe Tours
Wo ist der Busbahnhof von Caribe Tours?

¿A qué hora sale un bus a Puerto Plata?
zu was Stunde (er-)verlässt ein Bus zu Puerto Plata
Wann fährt ein Bus nach Puerto Plata?

¿Cuánto cuesta un boleto a Santiago?
wieviel (er-)kostet ein Fahrkarte zu Santiago
Wieviel kostet eine Fahrkarte nach Santiago?

Neben dem Begriff boleto *wird auch* ticket *gerne gebraucht.*

Quisiera dos tickets a Samaná para mañana.
(ich-)würde-wollen zwei Fahrkarten zu Samaná für morgen
Ich möchte zwei Fahrkarten nach Samaná für morgen.

Zusätzlich und ergänzend fahren noch jede Menge Guaguas, Kleinbusse, die irgendwann mal jedes Dorf erreichen. Das sind kleine japanische Busse oder auch altersschwache VW-Busse, die nur noch durch den Rost zusammengehalten werden. Letztere sind aber stark am aussterben, sie verkehren nur noch innerhalb von Ortschaften. In Santo Domingo pendeln sogar Regierungsbusse im 5-Minuten-Abstand auf den Hauptverkehrsadern.

Fahrpläne gibt's nicht, gestartet wird, wenn der Bus voll ist. Und das entscheidet nur einer, nämlich der Cobrador. Der ist der wichtigste Mann an Bord, nicht der Fahrer. Ein Cobrador ist: Kassierer, Platzanweiser, Zielansager und Mann für Sonderwünsche.

Seine wichtigste Aufgabe besteht darin, den Bus vollzukriegen. Und zwar so schnell wie möglich. Also hängt er lässig aus der geöffneten Seitentür heraus, klammert sich irgendwie am Dach fest und brüllt sein Ziel raus: „Hato Mayor – Hato Mayor directo, direeectooo!" Wenn nun jemand an der Straße winkt, klopft er einmal aufs Dach, „parada" anhalten! und sammelt den neuen Fahrgast ein. Damit nicht genug, er dirigiert ihn in den garantiert schon vollen Bus irgendwie hinein.

Irgendwann ist der Bus dann wirklich voll, 16 Mann sitzen hinten auf vier schmalen Holzbänken, drei vorne neben dem Fahrer. Das glauben Sie nicht? Oh doch, es funktioniert!

Dann wird bezahlt. Der Cobrador zeigt auf jeden einzelnen, der nennt sein Ziel und reicht einen Schein nach vorne. Die hinteren klopfen den Vorderen auf die Schulter, die heben stoisch die Hand nach hinten, übernehmen den Schein und reichen ihn wortlos nach vorne. Irgendwann haben alle bezahlt, der Busfahrer holt alles aus seiner Kiste raus, was drin ist, und dann gibt's Merengue. Wenn nichts mehr funktioniert, der Kassettenrekorder immer!

Wohin wollen Sie fahren?	**¿Adónde va?** *zu-wo (er/sie-)fährt*
nach Higüey	**a Higüey** *zu Higüey*
zwanzig Pesos	**Viente pesos** zwanzig Pesos
Haben Sie es nicht kleiner?	**¿No tiene menudo?** *nicht (er/sie-)hat winzig*
Ich habe kein Wechselgeld.	**No tengo cambio.** *nicht (ich-)habe Wechselgeld*
Fahrer, mach' Musik.	**¡Chófer, pon música!** *Fahrer, leg Musik*
Anhalten!	**¡Aguanta!** *aushalt* *(Ruft der* Cobrador, *wenn der Fahrer schon starten will, aber noch jemand mitfahren möchte.)*
Anhalten!	**¡Parada!** *Haltestelle* *(Jemand will aussteigen und bittet um einen Halt.)*
Kassierer, an der Ecke!	**¡Cobrador, en la esquina!** *Kassierer in die Ecke* *(Noch ein Hinweis, dass jemand aussteigen möchte, eben an der nächsten Ecke.)*
Aussteigen, wenn es möglich ist.	**¡Bajada, cuándo pueda!** *Ausstieg wenn (er/sie-)könnte* *(Eine dritte Variante, den Fahrer zum Stoppen zu bringen.)*

... in der Stadt

In Kleinstädten hat sich ein ureigenes System entwickelt, hier verkehren Motoconchos. Junge Burschen kurven laut knatternd mit ihren Mopeds oder kleinen Motorrädern durch die Straßen, immer auf der Suche nach Kundschaft. Ein kurzer Pfiff, ein Wink und schon kommt jemand angebraust. Jetzt wird das Ziel genannt, hinten raufgeklettert und ab geht's. Bis zu drei Personen werden so befördert, für kurze Strecken ein unschlagbarer Service. Aber: bloß nicht an Helmpflicht oder Unfallgefahren denken. Und noch etwas: Wer nach dem Preis fragt, gibt zu verstehen, dass er keine Ahnung hat. Lieber so vorgehen: Motoconcho heranwinken, Ziel nennen, nickt der Fahrer, aufsteigen und ab. Am Ziel ohne viel zu Fragen einen Schein in die Hand drücken (aber hoffentlich vorher mal unauffällig im Hotel erkundigt haben...).

¿Adónde va?
zu-wo (er/sie-)geht
Wohin möchten Sie?

Quisiera ir al hotel Napolitano.
(ich-)würde-wollen gehen zum Hotel Napolitano
Ich möchte zum Hotel Napolitano fahren.

¿Está en la calle Duarte, verdad?
(er-)ist in die Straße Duarte Wahrheit
Das liegt in der Duarte-Straße, nicht wahr?

No, está en el Malecón, cerca del obelisco hembra.
nein (er-)ist in der Malecón nahe vom Obelisk weiblich
Nein, es liegt am Malecón *(an der Uferpromenade)*, unweit vom weiblichen Obelisken *(einer lokalen Sehenswürdigkeit in Santo Domingo)*.

Ah, sí, ya lo sé.
ah ja schon ihn (ich-)weiß
Ah, klar, jetzt weiß ich.

Mancher Motoconchofahrer fragt auch listig: ¿Con o sin lágrimas? Mit oder ohne Tränen? Das ist eine Anspielung auf die oft gehörte Frage, wenn man mit einer Guagua irgendwo hinfahren will: ¿Con o sin aire? Mit oder ohne Aircondition? Bestellt man beim Motoconchofahrer „mit“, dreht er auf und holt alles aus seiner Maschine raus, was möglich ist, bis einem (durch den Fahrtwind) die Tränen kommen ...

Auch in Santo Domingo sind Motoconchos unterwegs, aber mehr in den Randbezirken. Mehrere große, breite Avenidas durchschneiden die Stadt, werden in mehr oder weniger regelmäßigen Abschnitten von anderen Avenidas gekreuzt. Zwischen diesen wiederum verlaufen hunderte von kleinen Straßen, kein Mensch kennt sich da richtig aus. Deshalb pendeln Guaguas auf diesen Avenidas, befahren immer wieder die gleiche Strecke. Hier kann jeder ein Stückchen mitfahren, einfach winken, Guagua hält, einsteigen, mitfahren und genau wissen, an welcher Kreuzung man wieder aussteigen muss. Aber, woher weiß ich, dass die Guagua nun ausgerechnet in meine Richtung fährt? Das weiß man eben nicht, der Fahrer signalisiert es einem aber. Lässig lässt er die linke Hand aus seinem Fenster kreisen und ruft ständig Derecho, derecho. (geradeaus) Das soll heißen, dass er geradeaus fährt, mehr wird über sein Fahrtziel nicht verraten. Also einsteigen und bis zur nächsten Kreuzung mitfahren. Und woher weiß ich, dass noch Plätze frei sind? Auch dies zeigt der Fahrer mit seiner linken Hand an. Gespreizte Finger signalisieren, ob zwei oder drei Plätze frei sind – es sind immer drei, wetten?

Derecho, derecho, dereeeecho!
Geradeaus, geradeaus, geraaaadeaus

Venga, hay sitios!
kommen(-Sie) (es-)hat Plätze
Kommen Sie, hier sind noch freie Plätze.

¿Pasa por la Avenida México?
(er/sie-)vorbeifährt durch die Avenida México
Fahren Sie durch die Avenida México?

Hasta el cruce.
bis die Kreuzung
Bis zur Kreuzung.

¡Última parada!
Letzter Halt!

Das ist Ihnen zu unbequem? Nun ja, mit 25 Leuten in einem VW-Bus die Avenida Duarte in Santo Domingo hupend hinuterbrausen macht schon Spaß, aber fragen Sie lieber nicht, wie ein Gringo mit Gardemaß seine Beine verknotet unterbringt. Einfacher wäre ein Taxi, wobei es auch hier eine nette Besonderheit gibt. Achten Sie mal drauf, es fahren ständig gutbesetzte Wagen auf den großen Einfallstraßen entlang, halten mal hier, mal da, immer wenn jemand winkt. Diese Wagen sind nicht immer als Taxen zu erkennen, scheinbar mühelos wissen aber Dominikaner, welches Auto als Taxi fährt und welches nicht. Ich persönlich glaube, dass sie es selber nicht wissen, einfach auf gut Glück versuchen, aber die Unterschiede dann doch blitzschnell erkennen. Welche Unterschiede? Es gibt Taxen, die fahren als Taxi. Keine Binsenweisheit, es gibt nämlich auch andere, die fahren als Bus, und das ist der feine Unterschied. Colectivos werden diese genannt, fahren ebenfalls grundsätzlich derecho und der Gast fährt ebenfalls einfach ein Stückchen mit. Eng ist's auch hier, drei sitzen vorne (neben dem Fahrer) und fünf hinten. Das geht nicht, sagen Sie? Oh doch, und wie das geht!

Steht nun ein Ausländer an der Straße, und kommt ein leeres Taxi angefahren, heißt es aufpassen. Also: der Ausländer winkt, Taxi hält, Ausländer fragt: ¿derecho? und steigt ein. Bis dahin alles okay. Murmelt der Taxifahrer aber etwas, dass wie ¿una carrera? klingt, gleich heftigst widersprechen. Una carrera bedeutet nämlich, dass der Reisende eine Einzelfahrt machen wird und eben nicht im Sammeltaxi derecho fährt. Und das kommt natürlich sehr viel teurer.

Taxi?	**¿Taxiii?**
Wieviel kostet es bis zum Flughafen?	**¿A cuánto está hasta el aeropuerto?** *zu wieviel (er/sie-)ist bis der Flughafen*
zwanzig Dollar	**veinte dólares** zwanzig Dollar
Soviel?	**¿Tanto?**
Es ist weit.	**¡Está lejos!** *(er-)ist weit*
Ja, natürlich, aber mir erscheint es zuviel.	**Sí, por supuesto,** **pero esto me parece demasido** *ja für Voraussetzung aber dieser mir (er/sie-)scheint zuviel*
Momentchen, mal sehen, wieviel wollen Sie mir geben?	**Venga, a ver, ¿cuánto me da?** *kommen(-Sie) zu sehen wieviel mir (er/sie-)gibt*
Was sagen Sie zu fünfzehn?	**¿Qué le parece quince?** *was Ihnen (er/sie-)scheint fünfzehn* Was sagen Sie zu fünfzehn?
Gib mir siebzehn!	**¡Dame diecisiete!** *gib-mir siebzehn*
Einverstanden, fahren wir.	**De acuerdo, ¡vamonos!** *von Übereinkunft gehen(-wir)-uns*

Unterkunft

„All-inclusive" heißt das Zauberwort. Einmal bezahlen, immer genießen, die Brieftasche kann zu Hause bleiben. Nur hinter vorgehaltener Hand murren einige Hotelmanager über diese Urlaubsform, aber mitziehen müssen sie inzwischen doch. Entstanden sind etliche ganz hervorragende Hotelanlagen, die nichts zu wünschen übrig lassen. Der Gast bezahlt einmal, nämlich im heimatlichen Reisebüro, und alles weitere ist damit abgedeckt: Drinks, alle Mahlzeiten, Freizeitaktivitäten, Minibar. Auch wenn es hierbei feine Unterschiede gibt („nationale Getränke" heißt eben: Rum und Presidente-Bier und nicht Whisky oder Heineken-Bier), allzuviele Anreize seine Anlage einmal zu verlassen, werden dem Gast nicht gegeben. Man sollte aber über die Folgen dieser Entwicklung für die Einkommen der Dominikaner nachdenken.

Wer auf eigene Faust reist, wird diese Hotels in der Regel nicht betreten, es gibt aber noch genügend andere.

In Santo Domingo wurden riesige Kästen mit teilweise über 10 Stockwerken errichtet, die die halbe Stadt überragen. In den touristischen Hochburgen sind neben den riesigen All-inclusive-Anlagen noch viele Appartements und kleinere Häuser zu finden, auf dem Lande und in den Dörfern dagegen wäre eine Pension schon die Ausnahme.

Unterkunft

**in derartige Hotelanlagen kommt ein Außenstehender nicht mal bis zur Rezeption, jedenfalls nicht ohne vorher von einem Wachmann kontrolliert worden zu sein. Die Gäste tragen nämlich alle zur Identifizierung ein bestimmtes Armbändchen, das erst am letzten Tag entfernt wird*

***sonst bekommt man oft ein Doppelzimmer mit zwei einzeln stehenden Betten*

Hotel	Hotel
All inclusive	Alles Inklusive*
Condominios	Ferienwohnungen
CH steht für	
Casa de Huéspedes	eine einfache Unterkunft, wörtlich: Gästehaus
Pensión	Pension
Cabañas	ursprünglich mal einfache Hütten, heute kleine Ferienhäuser
habitación doble / cuarto doble	Doppelzimmer
habitación sencilla / cuarto sencillo	Einzelzimmer
cama matrimonial	Doppelbett**
bastidor	Bettgestell
patio	Innenhof
planta baja	Erdgeschoss
aire aconditionado	Aircondition
abánico	Ventilator
luz	Strom und Licht
cama	Bett
sábana	Bettlacken
ducha	Dusche
baño	Bad
llave	Schlüssel
caja fuerte	Safe
desayuno	Frühstück
trago de bienvenida	Willkommensschluck

Gibt es hier in der Nähe ein Hotel?	**¿Hay un hotel por aquí cerca?** *(es-)hat ein Hotel für hier nahe*
Ich hätte gerne ein Doppelzimmer, bitte.	**Qusiera una habitación doble, por favor** *(ich-)würde-wollen eine Zimmer doppelt für Gefallen*
	oder:
Haben Sie ein freies Zimmer für zwei Personen?	**¿Tiene una habitación libre para dos personas?** *(er/sie-)hat eine Zimmer frei für zwei Personen*
Für wie lange?	**¿Para cuántas noches?** *für wieviele Nächte*
Für drei Nächte.	**Será para tres noches.** *(er/sie-)wird-sein für drei Nächte*
Kann ich es (das Zimmer) sehen?	**¿Puedo verla?** *(ich-)kann sehen-sie*
Ja, das Zimmer gefällt mir.	**Sí, me gusta el cuarto.** *ja mir (er-)gefällt der Zimmer*
Haben Sie ein Zimmer, das zum Innenhof liegt/geht?	**¿Tiene una habitación que da al patio?** *(er/sie-)hat eine Zimmer dass (sie-)gibt zum Innenhof*
Akzeptieren Sie Kreditkarten?	**¿Acepta tarjeta de crédito?** *(er/sie-)akzepliert Karte von Kredit*

Essen & Trinken

In den Hotelanlagen und besseren Restaurants präsentiert sich die dominikanische Küche reichhaltig an carne (Fleisch), pescado (Fisch), mariscos (Meeresfrüchten und exotischen Früchten, in den einfacheren Restaurants fällt die Auswahl dann doch ein wenig bescheidener aus – aber keineswegs geschmacklich schlechter.

Als Frühstück wird in vielen kleinen Bars und Cafeterias ein Sandwich mit Schinken, jamón oder Käse, queso angeboten. Allerdings bekommt man auch Toast mit Marmelade, tostado con mermelada und Rühreier, huevos revueltos bzw. Spiegeleier, huevos fritos.

Das Mittagessen wird zu europäischen Zeiten eingenomen und selten um 15.00 Uhr, wie in Spanien üblich. Viele kleine Essensstände, comedores bieten am Straßenrand einfache Gerichte an, die auch gerne angenommen werden. Es gibt in der Regel nur ein Gericht und dieses besteht vorzugsweise aus Eintopf. Typisches Essen eines Comedor ist Sancocho, ein Eintopf, der im Idealfall sieben Sorten Wurzelgemüse und mehrere Sorten Fleisch beinhaltet. Das variiert natürlich stark nach Jahreszeiten und Geldbeutel. Ein weiteres, sehr beliebtes Gericht ist die dominikanische Nationalflagge, bandera dominicana, Reise mit Bohnen in roter Sauce. So genannt, weil die

Bestandteile den Farben der Nationalflagge entsprechen: weiß (Reis), rot (Sauce) und blau (Bohnen).

Genauso beliebt sind pollos (Hühnchen), die es meist gegrillt gibt.

Eine Warnung der deutschen Botschaft zum Thema Fisch: In den Monaten April bis September sollte auf den Verzehr von Fisch verzichtet werden. In dieser Zeitspanne kann es zu schweren Vergiftungen kommen. Die Vergiftung wird durch den Stoff Ciguatoxin hervorgerufen, den die Fische vermutlich durch giftige Algen über die Nahrungskette aufnehmen.

restaurante (m)	Restaurant
comedor (m)	Essstand oder kleiner Imbiss
comida	Essen
desayuno	Frühstück
desayuno continental	europäisches Frühstück (mit Toast, Marmelade)
desayuno americano	amerikanisches Frühstück (mit Rühreier)
almuerzo	Mittagessen
cena	Abendessen
menú (m)	Speisekarte
cubierto	Besteck
plato	Teller
vaso	Glas
copa	Wein- oder Schnapsglas
cuchillo	Messer
cuchara	Löffel
tenedor (m)	Gabel
postre (m)	Nachtisch

Oiga, camarero, por favor.
hören(-Sie) Kellner für Gefallen
Herr Ober, bitte.

El menú, por favor.
die Karte für Gefallen
Die Speisekarte, bitte.

Was ist das Tagesmenü?	**¿Cuál es el menú del día?** *welcher (er-)ist der Menü vom Tag*
Was können Sie mir empfehlen?	**¿Qué me puede recomendar?** *was mir (er/sie-)kann empfehlen*
Ist das scharf gewürzt?	**¿Es picante?** *(er/sie-)ist scharf*
Was möchten Sie trinken?	**¿Qué quiere tomar?** *was (er/sie-)will nehmen* oder:
Und zum Trinken?	**¿Para tomar?** *für nehmen*
Einen Orangensaft ohne Eis, bitte.	**Un jugo de naranja, sin hielo, por favor.** *ein Saft von Orange ohne Eis für Gefallen*
Für mich ein Bier, bitte.	**Para mi, una cerveza, por favor.** *für mich eine Bier für Gefallen*
Guten Appetit!	**¡Buen provecho!**
Das Essen schmeckt sehr gut.	**La comida está muy rica.** *die Essen (sie-)ist sehr reich*
Möchten Sie noch Kartoffeln?	**¿Quiere más papas?** *(er/sie-)will mehr Kartoffeln*

später:

Möchten Sie einen Nachtisch? **¿Quiere postre?**
(er/sie-)will Nachtisch

Was gibt es als Nachtisch? **¿Qué hay de postre?**
was (es-)hat von Nachtisch

Wir haben ... **Tenemos ...**
(wir-)haben

flan (m)	Pudding
helado	Speiseeis
pastel (m) de frutas	Obsttorte
ensalada de frutas	Fruchtsalat

noch später:

Möchten Sie Kaffee? **¿Quiere café?**
(er/sie-)will Kaffee

Da folgt dann oft als abschließende Bestellung des Gourmets:

Kaffee, Gläschen (Rum) und Zigarre **café, copa y puro**

und schließlich:

Die Rechnung, bitte. **La cuenta, por favor.**
die Rechnung für Gefallen
oder:
Wieviel bekommen Sie? **¿Cuánto le debo?**
wieviel Ihnen (ich-)soll

und ein gerne gebrauchter Scherz lautet:

¡Dame la dolorosa!
gib-mir die schmerzhafte
womit natürlich die „schmerzhafte" Rechnung gemeint ist

Falls, was ja mal vorkommen kann, die Rechnung nicht zu stimmen scheint, immer reklamieren, aber so, dass niemand sein Gesicht verliert.

Me parece, que hay un errorcito.
mir (er/sie-)scheint dass (es-)hat ein Fehlerchen
Ich glaube, hier stimmt irgendwas nicht.

Jemanden, der viel futtert nennt man auch hartón.

Dominikanische Spezialitäten

bandera dominicana	Reis mit Bohnen in roter Sauce
sancocho	Eintopf mit sieben Wurzelgemüsen und verschied. Fleischsorten
mangú	verschiedene Gerichte, die als Basis Püree aus Kochbananen haben
chicharrones de pollo	fritierte Hühnchen
morro	Reis oder Bohnen mit guandules (einer Erbsenart)
casabe	gebackene Maisfladen, mal mit, mal ohne Knoblauch
mondongo	Innereien oder Kutteln
morir soñado	(wörtlich: träumend sterben) Joghurt mit Limone
chambre	Gericht aus Reise und Erbsen
locrio	Reisgericht mit Huhn und Schweinefleisch

Fleisch

bistec (m)	Beefsteak
carne (w) de cerdo	Schweinefleisch
carne (w) de chivo	Ziegenfleisch
chuleta	Kotlett
pollo	Huhn
pato	Ente
frito verde oder **tostones**	fritierte Kochbananen
chicharrón (m)	fritierter Schweinespeck

Fisch

bacalao	Stockfisch
lambí	Meeresschnecke
ostras (w, Mz)	Austern
langostas (w, Mz)	Langustas
camarones (m, Mz)	Krabben
mariscos (m, Mz)	Meeresfrüchte
almejas (w, Mz)	Miesmuscheln

Gemüse

yuca	Maniokwurzel
batata	Süßkartoffel
guandules	eine Erbsenart
plátano	unreife Kochbanane
guineo	süße Banane
maní	Erdnuss
pepino	Gurke
tomate	Tomate
lechuga	Kopfsalat
ajo	Knoblauch
cebolla	Zwiebel
maíz	Mais
verdura	Gemüse
frijoles	schwarze Bohnen
cajuiles	Cashewnüsse
semillas	Cashewnüsse

Früchte

lechoza	Papaya
chinola	Maracuya
china	Orange
piña	Ananas
limón (m)	Zitrone
pera	Birne
manzana	Apfel
uva	Traube
melón (m)	Melone
guayaba	Guave
fresa	Erdbeere

Getränke

Mit Karibik assoziiert man schnell exotische Mixgetränke auf Rumbasis. Nicht in jeder Bar sind diese jedoch zu erhalten, die Dominikaner trinken ihren ron *(Rum) lieber pur. Drei große Marken gibt es: Brugal, Barceló und Bermúdez. Alle drei Marken bieten hellen oder dunklen Rum an, aber auch den edleren (weil älteren)* añejo.

**Wer* una cerveza *bestellt, bekommt oft eine Literflasche(!) auf den Tisch gestellt, noch dazu schockgefroren.*

Praktisch jede Frucht kann man als ausgepressten Saft bekommen, einfach un jugo de ... (einen Saft von ...) bestellen.

agua mineral	Mineralwasser
refresco	Erfrischungsgetränk
vino	Wein
vino blanco	Weißwein
vino tinto	Rotwein
fría	Bier
ceniza	kleines Bier*
batida	Milchshake
melao	aufgekochter Zuckerrohrsaft
trago oder **traguito**	Gläschen Rum
pote (m)	Flasche Rum
ginebra	Gin, aus Zuckerrohrschnaps hergestellt
uiki (m)	Whisky
champola	Getränk aus guanábana, einer tropischen Frucht
coco	Kokosnuss
coco loco	verrückte Kokosnuss**

***eine aufgeschlagene Trinkkokosnuss wird mit Eiswürfel und vor allem mit viel Rum gefüllt*

frío frío man
Ein Verkäufer von süßen Getränken mit viel geraspeltem Eis. Er zieht mit einem Karren durch die Gegend, auf dem ein Eisblock liegt, notdürftig gegen die Sonne geschützt. Kommt ein Kunde, wird eine ordentliche Fuhre Eis abgeraspelt, in einen Becher gefüllt, Sirup-ähnliche Flüssigkeit drübergegossen, Strohhalm rein, fertig.

Trinken und die Folgen:

tener mala bebida
haben schlechte Getränk
durch übermäßigen Alkoholgenuss aggressiv sein

prenderse
ordentlich einen heben

Um eine piña colada kommt niemand herum, hier das Rezept:

1 Teil Kokoscreme,
2 Teile Ananassaft,
1,5 Teile weißer Rum

auf zerstoßenem Eis gut mixen und in einem schlanken Glas servieren.

Auf dem Lande

Das touristische Leben spielt sich an den Küsten ab, das der Dominikaner größtenteils im Landesinneren. So kommt man sich nicht ins Gehege. Wer aber als Ausländer mehr sehen möchte, als nur sein Hotelareal, muss sich aufmachen und in die Dörfer fahren. Dort wird der Lebensrhythmus noch stark von der Natur bestimmt. Aufgestanden wird sehr früh und mit Sonnenaufgang um 6.00 Uhr beginnt man mit den täglichen Verrichtungen. Um 18.00 Uhr versinkt die Sonne und dann kehren die Menschen ins Haus zurück. All zu lange können Sie dann auch nicht mehr aufbleiben, gegen 21.00, 22.00 Uhr liegen alle in den Federn, bis der Hahn wieder kräht.

Ein paar Begriffe aus der ländlichen Welt:

julepe	harte Maloche
lengua de mime	ein langes Messer
puñal (m)	noch ein langes Messer
chinchorro	ein engmaschiges Netz eines Fischers

Landschaften

loma	Hügel
cerro	Berg
pico	Gipfel (eines Berges)
río	Fluss
lago	See
bahía	Bucht
paraje (m)	kleine Siedlung
pueblo	Dorf
monte (m)	Urwald*
bosque (m)	Wald
sierra	Gebirgszug oder Gebirgskette
campo	Feld
finca	Farm
hacienda	größere Farm
cordillera	Gebirgskette
cueva	Höhle
isla	Insel
costa	Küste
mar (m)	Meer
valle (m)	Tal
camino	Weg

**eigentlich Berg, hier aber als „ursprünglicher Wald" gebraucht. Daher stammt auch der* montero*, der Jäger von Wildschweinen oder verwilderten Haustieren*

Pflanzen

árbol (m)	Baum, allgemien
café (m)	Kaffee
cacao	Kakao
caña	Zuckerrohr
bougainvilla	Bougainvillea
plátano	Banane, allgemein
maíz (m)	Mais
palmar (m)	Palmenwald
palma de coco	Kokospalme
flor (w)	Blume
arbusto	Strauch
palo	Baum
tronco	Stamm

Tiere

Haustiere, so wie wir sie kennen, gibt's hier nicht, alles kreucht und fleucht munter herum.

burro	Esel
caballo	Pferd
chivo	Ziege
vaca	Kuh
perro	Hund
gato	Katze
conejo	Kaninchen
puerco	Schwein
cerdo	Wildschwein
gallina	Huhn
mula	Maultier
hormiga	Ameise
ratón (m)	Maus
mosquito	Mücke
rata	Ratte
cuaco	alter Klepper, -Gaul

Reptilien

culebra	Schlange
iguana	Leguan
lagarto	Eidechse
sapo	Frosch
caimán (m)	Kaiman
cocodrilo	Krokodil
tortuga	Schildkröte

Insekten & Co.

mosca	Fliege
mosquito	Mücke
pulga	Floh
cucaracha	Kakerlake
mariposa	Schmetterling
alacrán (m)	Skorpion
araña	Spinne
gusano	Wurm
cienpié (m)	Tausendfüßler, hat einen Giftstachel

Moräne

Meer & Strand

Klarer Fall, das Bild von karibischen Traumstränden mit puderzuckerhellem, weichen Sand, sacht im Wind rauschenden Palmen, eine beständige, leicht kühlende Brise und badewannenwarmes, ruhiges Wasser, das hat wohl ein jeder im Kopf. Und das schönste ist, dass es sie sogar gibt, diese Strände! Punta Cana, Cayo Levantado, Samaná, Bayahibe, das sind die Namen, wo derartige Klischees tatsächlich zu finden sind. Weitere Tips werden nicht verraten, selbst entdecken! Aber: ¡cuidado con el sol! – Aufpassen mit der Sonne!

arena	Sand
playa	Strand
mar (m)	Meer
ola	Welle
orilla	Ufer
océano	Ozean
concha	Muschel
palma	Palme
piscina	Swimmingpool
calor	Hitze
toalla	Handtuch
sombrilla	Sonnenschirm
hamaca	Hängematte
nadar	schwimmen
bañarse	baden
tomar el sol	sich bräunen
bucear	tauchen
surfear	surfen

Einkaufen

Dos por cien, dos pooor cieeen!!! Zwei für Hundert, traumhafte Angebote von irgendwas, wer kann da Nein sagen? Speziell in Santo Domingo in den Straßen beim Mercado Modelo wird gehandelt, was das Zeug hält. Neben regulären Kaufhäusern, aus denen blechern Merengue scheppert, unterbrochen von stakkatoartig heruntergebeteten Angeboten, breiten Hunderte, ja wahrscheinlich Tausende von Händlern ihre Waren aus. Ein Handtuch ausgebreitet, Ware darauf kunstvoll drapiert, fertig. Jeder Quadratzentimeter wird genutzt, kein Millimeter verschenkt. Und dazwischen turnen dann die interessierten Käufer herum, auf der Suche nach dem und nur dem einzigen Schnäppchen – das ja jeder hier im Angebot hat. Und das sogar für dos por cien!

mercado	Markt
supermercado	Supermarkt
quiosco	Kiosk
tienda	kleiner Laden
colmado	Tante-Emma-Laden
(hat alles und ist vor allem lange geöffnet)	
panadería	Bäcker
carnicería	Fleischer
papeleria	Schreibwarenladen (verkauft auch Bücher)
abierto	geöffnet

cerrado	geschlossen
descuento	Skonto
rebaja	Preisnachlass
comprar	kaufen
vender	verkaufen

Kommen Sie her!

¡Venga, pase!
kommen(-Sie) vorbeigehen(-Sie)

Ich möchte nur mal schauen.

Sólo quiero ver.
nur (ich-)will sehen

Klar, warum nicht?

Sí, ¿cómo no?
ja warum nein

Der Verkäufer merkt genau, wenn das suchende Auge des Touristen etwas länger auf einem Artikel haften bleibt. Sofort wird er reagieren.

Gefällt Ihnen die Bluse?

¿Le gusta la blusa?
Ihnen (sie-)gefällt die Bluse

Ja, sie ist sehr hübsch.

Sí, es muy linda.
ja (sie-)ist sehr hübsch

Sie können Sie anprobieren.

Puede probarla.
(er/sie-)kann probieren-sie

Sie ist von bester Qualität, ich mache Ihnen einen guten Preis, nur für Sie!

Es de buena calidad, le doy un precio especial, sólo para Usted.
(sie-)ist von gute Qualität Ihnen (ich-)gebe ein Preis spezial nur für Sie

Wieviel kostet sie? — **¿Cuánto vale?**
wieviel (sie-)kostet

tausend Pesos — **mil pesos**

Die Bluse ist prima, aber sie ist teuer. — **La blusa es buena, pero es cara.**
die Bluse (sie-)ist gut aber (sie-)ist teuer

Einen Moment, wieviel geben Sie mir? — **Espere, ¿cuánto me da?**
warten(-Sie) wieviel mir (er/sie-)gibt

Na guuut, ich gebe Ihnen sechzig. — **Bueeeno, le doy sesenta.**
guuut Ihnen (ich-)gebe sechzig

Nein, das geeeht nicht, geben Sie mir aaaachtzig. — **No se pueeeede, deme ocheeeenta.**
nicht man (er/sie-)kaaaan geben(-Sie)-mir aaaachtzig

Viel Schauspielerei gehört dazu, dann macht die Sache auch Spaß. Und nie vergessen, niemals dem Gegenüber die Chance nehmen, sein Gesicht zu wahren, das ist Ehrenkodex!

Wo kann man ... kaufen? — **¿Dónde se puede comprar ...?**
wo sich (er/sie-)kann kaufen

Wieviel kostet das? — **¿Cuánto cuesta esto?**
wieviel (er/sie-)kostet dieser

Kann ich mit Kreditkarte bezahlen? — **¿Acepta tarjeta de crédito?**
(er/sie-)akzeptiert Karte von Kredit

Hat jemand ein Schnäppchen gemacht:

Einkaufen

Was für'ne fette Kuh!, Was für ein gutes Geschäft!	**¡Qué vaca lechera!** *was Kuh milchig*
Was für'n Deal!	**¡Qué gabela!** *was Vorteil*

Kleidung	**blusa**	Bluse
	camisa	Hemd
	camiseta	T-Shirt
	corbata	Krawatte
	pantalones (m, Mz)	Hose
	ropa	Kleidung
	saco	Jacke
	sombrero	Hut
	falda	Kleid
	zapatos (m, Mz)	Schuhe
	medias (w, Mz)	Socken
sonstige Dinge	**cigarros (m, Mz)**	Zigarren
	cigarillos (m, Mz)	Zigaretten
	disco compacto	CD
	féferes (m, Mz)	Krimskrams
	fósforos (m, Mz)	Streichhölzer
	jabón (m)	Seife
	crema, loción (w)	Lotion
	repelente (m)	Mückenschutzmittel
	libro	Buch
	periódico	Zeitung
	mapa (m)	Landkarte
	pasta dental	Zahnpasta

Fotografieren

Fotografiert werden kann beinahe alles, Einschränkungen gibt es praktisch nicht (Kasernen, Polizeistationen wie immer lieber nicht). Die Dominikaner lassen sich gerne fotografieren, oft genug drängeln sie sich geradezu ins Bild. Gleichwohl bleibt es eine Frage des Respekts und der Höflichkeit, immer vorher zu fragen, eine ablehnende Antwort werden Sie sowieso nie erhalten. Wenn immer möglich, sollte man seinem „Fotomodell" anbieten, später einen Abzug zu schicken und dieses Versprechen dann auch einhalten. Nicht allzuviele Menschen sind im Besitz eines schönen Farbfotos ihrer eigenen Person, also machen Sie ihnen den Gefallen.

¿Hola, puedo sacar una foto de Usted?
hallo (ich-)kann ziehen eine Foto von Sie
Hallo, darf ich ein Foto von Ihnen machen?

Sí, ¿cómo no?
ja wie nein
Ja, warum nicht?

Voy a mandarle una copia.
ich zu schicken-Ihnen eine Kopie
Ich werde Ihnen einen Abzug schicken.

Me da su dirección, por favor.
mir (er/sie-)gibt Ihre Adresse fur Gefallen
Geben Sie mir bitte Ihre Adresse.

Va a tardar un ratito, pero se lo mando
(er/sie-)geht zu dauern ein Weilchen aber Ihnen ihn (ich-)schicke
Es wird ein Weilchen dauern, aber ich schicke es Ihnen.

rollo	Film
diapositiva	Dias
cámera	Kamara
flash (m)	Blitz
cámera de video	Videokamera
sacar/tomar/hacer una foto	fotografieren
revelar	entwickeln
negativo	Negativ
copia	Abzug

Behörden & Polizei

Allzuviel Kontakt wird ein Urlauber nicht mit staatlichen Stellen bekommen, erster und möglicherweise auch letzter wird wohl für die meisten der Grenzbeamte sein. Weitere Kontakte ergeben sich in der Regel nur aus unangenehmen Situationen heraus, wenn man beispielsweise bestohlen wurde. Oder, was ja auch nicht unwahrscheinlich ist, wenn ein Mietwagen von der Verkehrspolizei gestoppt wird. „Zu schnell gefahren" heißt es dann, und das setzt eine Strafe. Quittung? Ach Gott, muss nicht sein, können wir auch so regeln ... ja ja. Dies passierte in der Vergangenheit gar nicht so ganz selten, soll sich aber, seitdem der greise Präsident Balaguer nicht mehr regiert, deutlich gebessert haben.

Wie sagte doch ein seit Jahrzehnten ansässiger Landsmann so treffend: Genau aufpassen, ob die Polizei motorisiert ist oder nicht. Falls ja, muss angehalten werden, falls nicht, winken und weiterfahren.

aduana	Zoll
apellido	Nachname
embajada	Botschaft
pasaporte (m)	Pass
nombre (m)	Vorame
numero de pasaporte	Passnummer
fecha de nacimiento	Geburtsdatum
lugar (m) de nacimiento	Geburtsort
nacionalidad (w)	Nationalität
firma	Unterschrift
cédula	Identitätskarte
(entspricht unserem Personalausweis)	

Usted tiene que rellenar este formulario.
Sie (er/sie-)hat dass ausfüllen dieser Formular
Sie müssen dieses Formular ausfüllen.

Firme aquí, por favor.
unterschreiben(-Sie) hier tur Gefallen
Unterschreiben Sie hier, bitte.

Polizei

Sie sind bestohlen worden? Sehr ärgerlich! Ein Gang zur Polizei bleibt unvermeidlich, um ein Protokoll aufzunehmen, Versicherungen und Botschaften verlangen dieses offizielle Dokument, also auf geht's.

policía	Polizei
asalto	Überfall
robo	Diebstahl
chiripar	dunkle Geschäfte machen
chirola	Knast
ladrón (m)	Dieb
arma	Waffe
pistola	Pistole
cuchillo	Messer
golpear	schlagen
denunciar	anzeigen
seguro	Versicherung

Ich möchte einen Diebstahl anzeigen. **Quiero denunciar un robo.**
(ich-)will anzeigen ein Diebstahl

Man hat mir mein(e, en) ... gestohlen. **Me han robado mi ...**
mir (sie-)haben gestohlen mein(e)

dinero	Geld
pasaporte (m)	Pass
tarjeta de crédito	Kreditkarte
cheques (m, Mz) de viajero	Reiseschecks
joyas (w, Mz)	Schmuck
cámera	Kamera
equipaje (m)	Gepäck

Geld & Bank

Die dominikanische Währung heißt „Peso“, ausgezeichnet sind die Preise mit R.D.$, wobei R.D. für República Dominicana steht. Es gibt Scheine zu 5, 10, 20, 50, 100, 500 und 1000 Pesos, die Fünfer werden bald durch entsprechende Münzen ersetzt. Münzen sind nur sehr vereinzelt zu bekommen, diese werden Centavos genannt. Geldwechseln darf man nur in den dafür autorisierten Stellen, also Banken, Wechselstuben und Hotelrezeptionen. Zwar wird man in einer Wechselstube oder im Hotel immer einen etwas schlechteren Kurs erzielen, aber dafür geht's deutlich schneller als in einer Bank. Dort müssen mehrere Unterschriften eingeholt werden, mehrfach sich an einer Schlange angestellt werden, und zu guter Letzt wird der ausländische Pass ausgiebig geprüft.

Mit der heimischen Maestro-Karte (EC-Karte) kann man an vielen Geldautomaten das benötigte Geld abheben. Auch Kreditkarten können vielfach als Zahlungsmittel eingesetzt werden.

¿Dónde se puede cambiar euro?
wo sich (er/sie-)kann wechseln Euro
Wo kann man Euro wechseln?

¿Puedo cambiar cheques de viajero aquí?
(ich-)kann wechseln Schecks von Reisender hier
Kann ich hier Reiseschecks eintauschen?

¿A cuánto está el cambio?
zu wieviel (er-)ist der Kurs
Wie steht der Wechselkurs?

banco	Bank
en efectivo	Bargeld
billetes (m, Mz)	Geldscheine
monedas (w, Mz)	Münzen
ventanilla	Schalter
recibo	Quittung
firma	Unterschrift
casa de cambio	Wechselstube
caja	Kasse
tarjeta de crédito	Kreditkarte
dinero	Geld
dólar (m)	Dollar
euro	Euro
francos (m, Mz) suizos	Schweizer Franken

Post

Eine Postkarte an die lieben Freunde schicken möchte wohl jeder aus seinem Urlaub („liege am Pool, die Sonne brennt vom Himmel, eine Piña colada in der Hand, arbeitet nicht zuviel ...“), es kann aber sein, dass der Gruß erst nach des Urlaubers Rückkehr eintrifft. Ein Selbstversuch des Autors ergab exakt 11 ½ Wochen von Punta Cana aus! Öffentliche Briefkästen sind so gut wie nirgends zu finden, also muss die Hauptpost (correo) aufgesucht werden. Die ist aber manchmal gar nicht so einfach zu finden, deshalb vielleicht gleich den bequemeren Service eines privaten Anbieters nutzen. DCS Dominicana garantiert das Ankommen der Post in Europa innerhalb von fünf Werktagen, Annahmestellen sind in allen größeren Hotels zu finden, der Aufpreis bleibt moderat.

correo	Postamt
carta	Brief
sobre (m)	Umschlag
sello	Briefmarke
tarjeta postal	Postkarte
paquete (m)	Paket
correo aéreo	Luftpost

¿Cuánto cuesta una postal a Alemania?
wieviel (sie-)kostet eine Postkarte zu Deutschland
Wieviel kostet eine Postkarte nach Deutschland?

Por favor, deme ... sellos para postales a Alemania.
für Gefallen geben(-Sie)-mir ... Briefmarken für Postkarten zu Deutschland
Bitte geben Sie mir ... Briefmarken für Postkarten nach Deutschland.

¿Dónde hay un buzón?
wo (es-)hat ein Briefkasten
Wo gibt es einen Briefkasten?

¿Cuánto tiempo tarda una postal en llegar a Europa?
wieviel Zeit (sie-)dauert eine Postkarte in ankommen zu Europa
Wie lange braucht eine Postkarte nach Europa?

Telefonieren

Das Telefonamt ist nicht im Postamt untergebracht, ein Gebäude der "Verizon" ist in jedem größeren Ort zu finden. Dort hockt man in kleinen Kabinen, spricht und bezahlt erst nach Beendigung des Gespräches. Mittlerweile bieten weitere Gesellschaften einen ähnlichen Service an z. B. Turitel und Tricom. Sie sind ein wenig preiswerter bei Überseegesprächen. Aber Achtung: Beide Gesellschaften berechnen bereits nach dem vierten Klingeln eine Minute, auch wenn der Angerufene nicht abgehoben hat.

Von jedem Verizon-Büro kann auch problemlos ein Fax in die Heimat geschickt werden, was natürlich deutlich günstiger kommt.

Wer sein (Triband-) Handy mitnimmt, kann damit - allerdings recht kostspielig - zu Hause anrufen. Güstiger ist da das Versenden von SMS.

Natürlich kann in den Internetcafes auch per E-Mail mit der Restwelt kommuniziert werden.

Wer innerhalb des Landes ein Gespräch führen will, muss die 1 vorweg wählen, das entfällt nur bei Gesprächen innerhalb der gleichen Stadt.

teléfono	Telefon
teléfono público	öffentliches Telefon
llamada de larga distancia	Ferngespräch
marcar el número	die Nummer wählen
colgar	aufhängen
contestador (m)	Anrufbeantworter
operadora	Telefonistin
directorio	Telefonbuch
ocupado	besetzt
nadie contesta	niemand antwortet/hebt ab

Ich möchte nach Europa, nach Deutschland telefonieren.

Quiero llamar a Europa, a Alemania.
(ich-)will rufen zu Europa zu Deutschland

Kabine sechs, bitte.

Cabina seis, por favor.
Kabine sechs für Gefallen

Wissen Sie die Vorwahl von Deutschland?

¿Sabe el número de Alemania?
(er/sie-)weiß der Nummer von Deutschland

Wählen Sie die Null, elf, neunundvierzig, dann die Nummer ohne die Null.

Marque el zero, once, cuarenta y nuevo, luego el número sin el zero.
markieren(-Sie) der null elf vierzig und neun dann der Nummer ohne der null

Krank sein

Im ganzen Land bestehen Einrichtungen zur medizinischen Versorgung der Bevölkerung, Salud pública genannt. Hier werden Medikamente kostenfrei abgegeben und auch die Bevölkerung unentgeltlich versorgt. Dies gilt übrigens auch für Touristen. Daneben existieren private Consultorios, die einen sehr guten medizinischen Stand bieten. Oftmals sind die Ärzte in den USA ausgebildet. Wer sich hier behandeln lässt, muss die Behandlung sofort bezahlen. Den verauslagten Betrag kann sich aber jeder später in der Heimat wieder zurückholen, vorausgesetzt, man hat eine spezielle Auslandskrankenversicherung abgeschlossen. Da diese Versicherungen weit unter 50,- Euro kosten, sei sie jedem angeraten.

médico	Arzt
dentista (m)	Zahnarzt
ambulancia	Krankenwagen
clínica	Krankenhaus
Cruz Roja	Rotes Kreuz
consulta	Untersuchung
farmacia	Apotheke
medicina	Medizin
pastillas (w, Mz)	Tabletten
inyección (w)	Spritze
primer auxilio	Erste Hilfe

Bitte rufen Sie einen Arzt. **Por favor, llame a un médico.**
für Gefallen rufen(-Sie) zu ein Arzt

Wo ist die nächste Klinik? **¿Dónde está la clínica más próxima?**
wo (sie-)ist die Klinik mehr nächste

Ich bin krank. **Estoy enfermo.**
Ich habe Fieber. **Tengo fiebre.**
Ich habe Grippe. **Tengo gripe.**

Kommt in den Tropen häufiger vor, als man glaubt. Ständig bläst irgendwo eine kühle aircondition und anschließend geht's hinaus in die schwüle Hitze ...

Ich fühle mich sehr schlecht. **Me siento muy mal.**
mich (ich-)fühle sehr schlecht

Ich habe Kopfschmerzen. **Me duele la cabeza.**
mir (sie-)schmerzt die Kopf
Tengo dolor de cabeza.
(ich-)habe Schmerz von Kopf

Ich hatte einen Unfall. **He tenido un accidente.**
(ich-)habe gehabt ein Unfall

Ich habe seit drei Tagen Durchfall. **Tengo diarrea desde hace tres días.**
(ich-)habe Durchfall seit (er/sie-)macht drei Tage

Ich brauche etwas gegen Durchfall. **Necesito algo contra la diarrea.**
(ich-)benötige etwas gegen die Durchfall

Krank sein

Ich bin allergisch gegen ... **rgico a ...**
(ich-)bin allergisch zu

Ich bin Diabetiker. **Soy diabético.**
(ich-)bin diabetisch

Ich bin schwanger. **Estoy encinta.**
(ich-)bin schwanger.

Wo tut es Ihnen weh? **¿Dónde le duele?**
wo Ihnen (er/sie-)schmerzt

Der/Die/Das ... tut mir weh. **Me duele el/la ...**
mir (er/sie-)schmerzt der/die

barriga	Bauch
boca	Mund
brazo	Arm
diente (m)	Zahn
estómago	Magen
mano (w)	Hand
ojo	Auge
pie (m)	Fuß
pierna	Bein
rodilla	Knie
apéndice (m)	Blinddarm
dedo	Finger
cara	Gesicht
hueso	Knochen
labio	Lippe
pulmón (m)	Lunge
nariz (w)	Nase
garganta	Rachen
lengua	Zunge

Tome las pastillas dos veces al día.
nehmen(-Sie) die Tabletten zwei Mal zum Tag
Nehmen Sie die Tabletten zweimal täglich.

antes / después de la comida
vor / nach von die Essen
vor / nach der Mahlzeit

Necesito un recibo con el diagnóstico.
(ich-)brauche ein Quittung mit der Diagnose
Ich brauche eine Quittung mit der Diagnose.

Krankheiten

asma	Asthma
churria	Durchfall
dolor (m) de ojos	Augenschmerzen
dolor (m) de barriga	Bauchschmerzen
diarrea	Durchfall
inflamación (w)	Entzündung
vómitos (m, Mz)	Erbrechen
resfriado	Erkältung
tos (w)	Husten
fractura	Bruch
dolor (m)	Schmerz
mareo	Schwindel
quemadura de sol	Sonnenbrand
náusea	Übelkeit
estreñimiento	Verstopfung
diabetes (w)	Zuckerkrankheit

Liebe & Sex

Unübersehbar ist die Dominikanische Republik in den letzten Jahren ein weiteres Ziel des weltweiten Sextourismus geworden. Genaue Zahlen liegen natürlich nicht vor, aber etwa 40.000 Prostituierte soll es auf der Insel geben. Das Aidscom-Institut in Santo Domingo schätzt, dass 5-10% HIV-positiv sind, gemeldet waren bis Anfang '94 etwa 2000 Fälle. Boca Chica und Sosúa sind schon etwas in Verruf geraten, hier trifft sich die Internationale des Sextourismus. Tagsüber fällt das gar nicht so sehr auf, aber nachts ziehen ständig Päarchen der Marke café con leche (Milchkaffee) durch die Bars. Diese Bezeichnung bezieht sich auf ein typisches Paar, eine dunkelhäutige, meist jüngere Dominikanerin mit einem weißen, meist älteren Mann. Allerdings hat sich auch die Männerprostitution ausgebreitet, also café con leche andersrum.

Immer wieder versucht die Polizei, dagegen vorzugehen, räumt stadtbekannte Bars, Treffs und Bordelle (die übrigens meist von Gringos geführt werden), aber nach einiger Zeit richtet man sich wieder ein. So finden putas, Prostituierte, auch ihren Weg in die hermetisch abgeschirmten Hoteldiskotheken, ein Scheinchen an den Nachtwächter macht's möglich. Nicht einfach, vor diesem Hintergrund „normale" freundschaftliche oder gar sexuelle Beziehungen aufzubauen. Dominikaner können dann aber unnachahmlich die tollsten, schnulzigsten Komplimente raushauen, man sollte sich nur einmal eine der Merengue-CDs anhören, aus der der Schmalz nur so trieft. Da heißt es dann beispielsweise: Ich schenke dir meine Hände, meine gefallenen Augenlider, den tiefsten Kuss, der sich in einem Seufzer ertränkt, ay mi amor ...!!! Dazu Sonnenuntergang, Piña colada und Liegestuhl am Strand, so kitschig schön, man hält es kaum aus!

Ich liebe dich.	**Te quiero.** *dich (ich-)will*
meine Liebe	**¡Mi amor!**
Liebling	**cariño**
mein Leben	**¡Mi vida!**
Du fehlst mir.	**Tu me haces falta.** *du mir (du-)machst Mangel*
Gib mir einen Kuss.	**Dame un beso.** *gib-mir ein Kuss*
anmachen, anbändeln	**ligar**
bumsen,	**joder** *auch:* **rapar, singar, resolver, chulear**
abspritzen	**echar un polvo** *werfen ein Pulver*
Ich will mit Dir schlafen.	**Quiero hacer el amor contigo.** *(ich-)will machen der Liebe mit-dir*
Ich will nicht.	**No quiero.** *nicht (ich-)will*
Ich habe keine Lust.	**No tengo ganas.** *nicht (ich-)habe Lust*
Lass mich in Ruhe!	**¡Déjame en paz!** *lass-mich in Frieden*
Hau ab!	**¡Lárgate!** *weggeh-dich*
Verschwinde!	**¡Vete!** *geh-dich*

Deutsch–Spanisch

*__Hauptwörter,__ die nicht eine der typisch männlichen (**-o, -r, -n** oder **-l**) bzw. weiblichen (**-a, -d, -z** oder **-ción**) Endungen aufweisen, sind mit „(m)“ bzw. „(w)“ gekennzeichnet (s. S. 33).*

***Unregelmäßige Tätigkeitswörter** sind mit einem * gekennzeichnet. Die wichtigsten findet man im Kapitel „Unregelmäßige Verben“ (s. S. 53).*

***Eigenschaftswörter** werden nur in der (männlichen) Grundform aufgeführt (s. S. 40).*

Abkürzungen:

***m** (männlich),*
***w** (weiblich),*
***Ez** (Einzahl),*
***Mz** (Mehrzahl)*

©Beatrice Heerwagen@fotolia.com

A

Abend tarde (w)
Abendessen cena
aber pero
abfahren salir*, irse* (de)
abfliegen (von) salir* en avión (de)
abreisen partir, salir
abschleppen remolcar
Adresse dirección (w)
Alkohol alcohol (m)
allein solo
alles todo, por completo
als *(zeitl.)* cuando; *(Vergleich)* que
alt viejo
Alte(r) viejita, viejito
Alter *(Lebensalter)* edad
Andenken recuerdo, comemoración (w)
anfangen comenzar, principiar, iniciar
Angestellte(r) empleada, empleado
Angst miedo, temor, pavor
anhalten parar
ankommen llegar (en), arrivar
Ankunft llegada
Antwort respuesta, contestación (w)
antworten contestar
Apotheke farmacia
arbeiten trabajar
Arbeiter(in) trabajador, trabajadora
arm pobre
Arzt médico
auch también
auf sobre *(örtlich)*

Aufenthalt demora, estancia
aufhören terminar, finalizar
aufstehen levantarse
aufwachen despertarse
aus de
Ausfuhr exportación (w)
Ausgang salida
ausgezeichnet excelente
Auskunft información (w), aviso
Ausland exterior (m)
Ausländer extranjero
ausländisch extranjero
Ausreise salida
Aussprache pronunciación (w)
aussteigen bajar
Ausstellung exposición (w)
Ausweis pasaporte (m)
ausziehen (etwas) quitarse
Auto carro
Autowerkstatt taller (m)

B

Badeanzug/Badehose traje de baño (m)
baden bañarse
Badezimmer baño
Bahnhof estación del ferrocaríl (w)
Bahnsteig pasillo
bald pronto
Bank *(Geld)* banco
Bargeld efectivo
Batterie batería
bauen construir
Bauer agricultor (m), campesino
Baum arbol (m)
beeilen, sich apurarse
beenden terminar, cortar
begleiten encaminar
begrüßen saludar
behandeln atender, curar
Behörde administración (w)
bei con
Beispiel ejemplo
bekanntmachen, sich conocerse*
beleidigen ofender
benachrichtigen informar, avisar
Benzin gasolina
Berg montaña, cima
Beruf profesión (w)
berühmt conocido
beschweren, sich quejarse
besichtigen visitar
Besitzer dueño
besser mejor
bestellen ordenar, mandar a traer
Bestellung una orden
bestrafen castigar
Besuch visita
besuchen visitar
betrügen engañar
betrunken boracho
Bett cama
Bettzeug cubrecama
bevor antes
Beweis prueba
bezahlen pagar, cancelar
Bier cerveza
Bild cuadro
billig barato
Binde venda
bis hasta
bisschen un poquito
Bitte súplica
Blatt hoja
bleiben quedarse
Bleistift lápiz (m)
Blume flor (m)
Boot lancha, bote (m)
Botschaft *(dipl.)* embajada
Brand incendio
Brauch costumbre
brauchen necesitar
breit ancho
brennen quemar
Brief carta
Briefmarke sello, timbre
Briefumschlag sobre (m)
Brille anteojos (m, Mz), lentes (m, Mz)
bringen traer*
Brot pan (m)
Brücke puente (m)
Bruder hermano
Brust *(weibl.)* pecho, teta
Brust(korb) pecho
Buch libro
buchen reservar
Buchstabe letra
bunt de colores
Burg castillo
Bürger *(Staats-)* ciudadano
Büro oficina
Bus bus, autobús

C & D

Chauffeur conductor (m), chofer (m)
Chef jefe (m)
da allá
Dach techo
damit por
danach después
danke gracias
danken agradecer*
dann entonces
darum por eso
dass que
Datum fecha
dauern durar
Decke *(Bett)* manta, cubrecama
dein(e) tu, tus
denken pensar*
Denkmal monumento
deshalb por eso, por lo tanto
deutsch alemán
Deutsche(r) alemana, alemán
Deutschland Alemania
Dialekt dialecto, lenguaje
dick gordo
Diebstahl robo
dies esto
diese(r, s) aquel (m)/aquella (w)
Ding cosa
Diskothek discoteca
Dokument documento
Dolmetscher traductor (m)
Dorf aldea, pueblo
dort allá
dorthin por allá
dringend urgente
du tú
dumm tonto
dunkel oscuro, opaco
dünn delgado, flaco
durch *(hindurch)* en medio de
Durchfall diarrea
dürfen poder*
Durst (haben) (tener*) sed

E

echt verdadero
Ehefrau esposa
Ehemann esposo, marido
Ehepaar pareja
Ei huevo
Eigentum propiedad (w)
einander uno al otro
Einbruch robo
einfach simple
Einfuhr importación (w)
Eingang entrada
einige algunos (m, Mz), algunas (w, Mz)
einladen invitar
Einladung invitación (w)
einmal una vez
einsteigen/eintreten entrar
einverstanden de acuerdo
Einwohner habitante
Eis *(Speise-)* helado
Eiter pus (m)
Eltern padres (m, Mz)
empfangen recibir
empfehlen recomendar*
Ende fin (m)
eng angosto
englisch inglés
Enkel(in) nieto, nieta
entscheiden decidir
entschuldigen, sich excusarse
er él
Erde tierra
Ereignis evento
Erfolg éxito
erhalten recibir
erholen, sich descansar
erinnern, sich recordarse
erkältet sein tener* la gripe
erklären explicar
erlauben permitir
Erlaubnis permiso
Ermäßigung rebajo
Ersatzteil repuesto
erzählen contar*
essen comer, almorzar, cenar
Etage piso, nivel (m)
etwa *(ungefähr)* más o menos
etwas algo
euer(e) vuestro, vuestra

F

Fabrik fábrica
Faden hilo
Fähre ferry (m); transbordador (m)
fahren manejar
Fahrkarte boleto
Fahrplan horario

Fahrpreis pasaje (m)
Fahrrad bicicleta
Fahrzeug vehículo
falsch falso
Familie familia
Familienname apellido
Farbe color (m)
Farbfilm rollo a colores
faul *(träge)* perezoso; *(Obst)* descompuesto
fehlen faltar
Fehler error (m), falla
Feier fiesta
feiern tener* la fiesta
feilschen negociar
Feld terreno
Fenster ventana
Ferien vacaciones (w, Mz)
fern lejos
Fernsehgerät televisor (m)
fertig listo, acabado
fest firme
Fest fiesta
feucht mojado
Feuer incendio, fuego
Fieber fiebre (w)
Film película
finden encontrar*
Finger dedo
Fisch pescado, pez (m)
Flasche botella
Fleisch carne (w)
fleißig muy trabajador
fliegen volar, ir en avión
flirten coquetear
Flughafen aeropuerto
Flugticket boleto
Flugzeug avión (m)
Fluss río
Folklore folklore (m)
Formular formulario
Fotoapparat cámara
Fotografie foto
fotografieren tomar una foto
Frage pregunta
fragen preguntar
Fräulein señorita
frei libre
fremd extranjero
freuen, sich alegrarse, encantarse
Freund(in) amigo, amiga
freundlich amable
Freundschaft amistad (w)
Frieden paz (w)
frieren tener frio
frisch (Obst) tierno
fröhlich alegre
Frucht fruta
früh temprano
Frühling primavera
Frühstück desayuno
frühstücken desayunar
fühlen, sich sentirse*
Führung guiada
für para
fürchten, sich (vor) temer
Fuß pie (m)

G

Gabel tenedor (m)
ganz todo
Garten jardín (m)
Gas gas (m)
Gasse callejón (m)
Gast huésped (m)
Gastfreundschaft hospitalidad
Gastgeber(in) anfitrión, anfitriona
Gaststätte restaurante
Gebäck pasteles (m, Mz)
Gebäude edificio
geben entregar, dar*
Gebirge montaña
Gebühr contribución (w)
Geburtstag cumpleaños (m)
gefährlich peligroso
gefallen parecer, gustar
Gefängnis cárcel (w)
Gefäß vasija
Gefühl sentimiento
gegen contra
Gegend alrededores (m, Mz)
gegenüber enfrente
gehen ir*, andar, caminar
Geld dinero, pisto
Gemüse verdura
gemütlich cómodo
genau exacto
genug bastante, suficiente
Gepäck equipaje (m)
geradeaus recto
gern con mucho gusto
Geschäft *(Tätigkeit)* trabajo, labor (w); *(Laden)* negocio
Geschenk regalo
Geschichte historia
Geschwister hermanos
Gesellschaft sociedad (w)
Gesetz ley (w)

Gespräch plática, conversación (w)
gestern ayer
gesund sano, de buena salud
Gesundheit salud (w)
Getränk bebida
Gewicht peso
Gewitter tormenta
gewöhnen, sich (an) acostumbrarse
Gewürz condimento
Gift veneno
Giftschlange culebra venenosa
Glas vaso; *(Material)* vidrio
glauben creer*
Glück suerte (w)
glücklich feliz
Gold oro
Gott Dios (m)
Gramm gramo
Grammatik gramática
gratulieren felicitar
Grenze frontera
Grippe gripe (w)
groß grande
Größe *(Kleidung)* tamaño
Großmutter abuela
Großvater abuelo
Gruppe grupo
grüßen (sich) saludar(se)
gültig válido
gut bueno

H

haben haber*, tener*
Hafen puerto
Hälfte mitad (w)
halten sostener*
Haltestelle parada
Handel comercio
hart duro
Haus casa
Hausfrau ama de casa
heben levantar
Heftpflaster cinta adhesiva
heiß caliente
helfen ayudar
hell claro
Herbst otoño
Herr señor
herzlich cariñoso
heute hoy
hier aquí
Hilfe ayuda
hinten detrás
hoch alto
Hochzeit boda
hoffen esperar
höflich cortés
Holz madera
hören oir*, escuchar
Hotel hotel (m), hospedaje (m)
hungrig hambriento
Hygiene higiene (w)

I

ich yo
Idee idea
ihr(e) su, sus
Illustrierte revista
immer siempre
impfen inyectar, vacunar
in en
Industrie industria
Information información (w)
informieren, sich informarse
Insekt insecto
Insel isla
interessant interesante
interessieren, sich (für) interesarse (por)
international internacional

J

ja sí, de acuerdo
Jahr año
Jahreszeit estación (w)
jährlich anual
jeder cada uno
jedesmal cada vez
jemand alguno (m), alguna (w)
jener aquel (m), aquella (w)
jetzt ahora
Journalist(in) periodista
jung joven
Junge joven (m)

K

kalt frio, helado
kaputt roto
Karte mapa (m)
Kasse caja
kaufen comprar
kennen conocer*
Kind niño
Kino cine (m)
Kirche iglesia
Kleidung vestimenta
Kleid vestido
klein chiquito, pequeño
klug sabio, inteligente
Kneipe cantina
kochen cocinar
Koffer cofre (m), maleta
kommen llegar, venir*
kompliziert complicado
Kondom condón (m)
können poder
Konsulat consulado
kontrollieren controlar
Konzert concierto
kosten *(Essen)* probar; *(Preis)* costar*, valer*
kostenlos gratuito
krank enfermo
Krankenhaus clínica, hospital (m)
Krankheit enfermedad (w
kühl fresco
Kühlschrank refrigerador (m)
Kunst arte (m)
kunstgewerbliche Waren cosas típicas, artesanías (w, Mz)
kurz corto
küssen besar

L

lächeln sonreir
lachen (über etwas) reirse de, burlarse
Lage *(geogr.)* posición (w)
Laken sábana
Lampe lámpara
Land país (m)
Landkarte mapa (m)
Landschaft paisaje (m)
Landwirtschaft agricultura
lang largo
langsam despacio, lento
langweilig aburrido
laufen correr
laut con voz alta
leben vivir
Leben vida
Lebensmittel alimentos (m, Mz)
ledig soltero
leer vacío
legen poner*
Lehrer(in) maestro, maestra
leicht *(Gewicht)* liviano
leihen, sich (von) prestar (de)
lernen aprender
lesen leer
Leute gente (w)
Licht luz (w)
lieben amar, querer
Lied canción (w)
liegen estar* acostado/-a
links izquierda
Loch hueco
Löffel cuchara
Lohn sueldo, salario
Luft aire (m)
lügen mentir
lustig alegre

M

machen hacer*
Mädchen jovencita, chica
malen pintar
man se
manchmal a veces, de vez en cuando
Mann hombre (m)
Markt mercado
Medikament medicina, remedio
Meer mar (m)
mehr más
mein(e) mi, mis
Menge cantidad (w)
Mensch hombre (m)
merken, sich conmemorar
Messer cuchillo
mieten alquilar
Minute minuto
mit con
Mittagessen almuerzo
Mittag mediodia
Mode moda
möglich posible
Monat mes (m)
morgen/Morgen mañana
Motor motor (m)
Motorboot lancha, yate (m)
Motorrad moto (w)
müde cansado

Müll basura
Museum museo
Musik música
müssen tener* que, deber
Mutter madre, mamá

N

nach *(örtl.)* a; *(zeitl.)* después
Nachmittag tarde (w)
Nachricht noticia
nächstes Mal la otra vez
Nacht noche (m)
nackt desnudo
Nadel aguja
nah cerca
Name nombre (m)
nass mojado
Nationalität nacionalidad (w)
Natur naturaleza
natürlich natural
neben al lado de
nehmen coger, tomar
nein no
neu nuevo
neugierig curioso
nicht no
nichts nada
niedrig bajo
niemals nunca, jamás
niemand nadie
nirgendwo en ninguna parte
noch todavía, aun
noch einmal otra vez
Norden norte (m)
normal normal
notwendig necesario
Nummer número
nur solo

O

ob si
oben arriba
Obst fruta
oder o
öffnen abierto
oft muchas veces
ohne sin
Öl aceite (m)
Onkel tío
Organ órgano
organisieren organizar
Ort lugar (m)
Osten este (m), oriente (m)
Österreich Austria
Österreicher(in) austriaco, austriaca

P

paar (ein ...) algunos, algunas
Paar par (m)
Päckchen paquetito (m)
packen *(Koffer)* hacer la maleta
Paket paquete (m)
Palast palacio
Panne desperfecto
Papier papel (m)
Park parque (m)
parken parquear
Pass pasaporte (m)
Patient paciente (m+w)
Pause pausa, descanso
Person persona
Pflanze planta
Plan plan (m)
Platz campo
Platzkarte reservación (w)
plötzlich de repente, en seguida
Politik política
Polizei policía
Postamt oficina de correos
Postkarte tarjeta postal
Preis precio
privat privado
Problem problema (m)
Programm programa (m)
Prospekt tarjeta, hoja de información (w)
pünktlich puntual

Q & R

Qualität calidad (w)
Radiogerät radio (w)
Rat(schlag) consejo
rauchen fumar
Raum cuarto
rechnen calcular
Rechnung factura, cuenta
Recht derecho
rechts derecha
reden hablar
Regen lluvia
Regenschirm paraguas (m), sombrilla
registrieren registrar

reich rico
Reifen llanta
Reise viaje (m)
Reisebüro agencia de viajes
reisen viajar
reparieren reparar
reservieren reservar
Restaurant restaurante (m)
Rettungswagen emergencia
richtig correcto
Richtung dirección (w)
roh crudo
Rückfahrt regreso
Rucksack salveque
rückständig atrasado
rufen *(schreien)* gritar
Ruhe silencio

S

Sache cosa
sagen decir*
Salbe crema medicinal
Salz sal (w)
sammeln recoger
Sand arena
satt lleno
Satz frase (w), oración (w)
sauber limpio
sauber machen limpiar
sauer ácido
Schallplatte disco
scharf picante
Scheck cheque (m)
Schere tijera
schicken mandar, enviar
schießen disparar
Schiff barco
schlafen dormir*
Schlafsack bolsa de dormir
Schlafzimmer dormitorio
schlagen golpear, pegar
schlecht mal
Schloss *(Gebäude)* castillo
Schlüssel llave (w)
schmackhaft sabroso
Schmerz dolor (m)
schmerzen doler*
Schmuck alajas (m)
schmutzig sucio
Schnaps trago
schnell rápido
schon ya
schön bonito, bello
schreiben escribir
Schuh zapato
schuldig culpable
Schule escuela, colegio
Schüler(in) alumno, alumna
schwanger embarazada
Schweiz Suiza
Schweizer(in) suizo, suiza
schwer *(Gewicht)* pesado
Schwester hermana
schwierig difícil
schwimmen nadar
schwitzen sudar
See lago
Segelboot lancha de vela
sehen ver*, mirar
Sehenswürdigkeiten lugares de interés (m, Mz)
Seide seda
Seife jabón (m)
Seil cuerda, mecate
sein *(Verb)* ser*, estar*
sein(e) su, sus
seit desde
Seite *(örtl.)* lado, *(Buch)* página
Sekunde segundo
selbst mismo
selten raro
setzen, sich sentarse
sicher seguro
sie ella (Ez), ellos/ellas (Mz)
Sie Usted (Ez), Ustedes (Mz)
Silber plata
singen cantar
sitzen estar sentado/-a; *(Kleidung)* estar* a la medida
so así
sofort inmediato, ahorita
Sohn hijo
solche(r, s) tal
sollen deber
Sommer verano
Sonne sol (m)
sparen economizar, salvar
spät tarde
spazierengehen pasear
Speise alimento, comida
Speisekarte carta, menú (m)
spielen jugar
Spielzeug juguete (m)
Sport deporte (m)
Sprache idioma (m), lengua
sprechen hablar
Spritze jeringa

Staatsangehörigkeit nacionalidad (w)
Stadt ciudad (w)
stark fuerte
stehen pararse
Stein piedra
Stelle *(Ort)* lugar (m)
stellen poner*
sterben morir*
Stil estilo
Stimme voz (w)
Stoff tela
stören molestar
Strafe pena, castigo
Strand playa
Straße calle (w)
Streichhölzer fósforos (m, Mz)
streiten pelear
Stück pieza
Student(in) estudiante
Stunde hora
suchen buscar
Süden sur (m)
Summe suma
Suppe sopa
süß dulce

T

Tabak tabaco
Tablette pastilla
Tag día (m)
täglich diario
Tal valle (m)
Tankstelle gasolinera
Tante tía
tanzen bailar
Tasche bolsa
Taxi taxi (m)
Telefon teléfono
telefonieren hablar/ llamar por teléfono
Telegramm telegrama (m)
teuer caro
Theater teatro
tief hondo, profundo
Tier animal (m)
Tochter hija
Tod muerte (w)
Toilette sanitario
Toilettenpapier papel higiénico (m)
tot muerto
töten matar
Tradition tradición (w)
tragen cargar
traurig triste
treffen *(begegnen)* encontrar*
Treppe escalera
trinken tomar
Trinkgeld propina, reconocimiento
trocken seco
tschüß ¡adiós!
tun hacer
Tür puerta
Turm torre (w)

U

üben ejercer
über (örtl.) sobre, *(Menge)* más de
überall por todos lados
übermorgen pasado mañana
übersetzen traducir*
Übersetzer traductor
Überweisung transferencia
übrig sobrante
Uhr reloj (m)
um zu ... para
Umgebung alrededor (m)
Umleitung desvío
umtauschen cambiar, convertir
Umweg desvío
Umwelt medio ambiente
unbekannt desconocido
und y
Unfall accidente (m)
Universität universidad (w)
unordentlich desordenado
unschuldig inocente
unser(e) nuestro, nuestra
unten abajo
unter debajo (de)
Unterhaltung conversación (w)
Unterkunft alojamiento
unterrichten enseñar
unterschreiben firmar
Urlaub vacaciones (w, Mz)

V

Valuta divisas (w, Mz)
Vater padre (m), papá (m)
verabreden, sich hacer una cita, verse*
Verabredung cita
verabschieden, sich despedirse*
verboten prohibido

Verbrechen crimen (m)
verdienen ganar
vergessen olvidar
vergnügen, sich entretenerse, divertirse
verirren, sich perderse
verkaufen vender
verleihen (an) prestar a
verletzt lastimado
Verletzung herido
verlieben, s. enamorarse
verlieren perder*
vermieten alquiler
Vermittlung operador (m)
Versicherung seguro
verspäten, sich tardarse
versprechen, sich equivocarse
verstehen comprender, entender*
versuchen tratar
viel mucho
vielleicht tal vez, quizás
Vogel pájaro
Volk pueblo
voll lleno
von de
vor *(örtl.)* delante de, *(zeitl.)* hace
vorbereiten preparar
vorgestern anteayer
vorher antes
Vormittag mañana
vorne delante
Vorname nombre (m)
vorschlagen proponer*
vorstellen, sich etwas imaginarse
vorstellen, sich presentarse (a)
Vorwahlnummer código

W

Wagen carro
wahr cierto
während durante, mientras
Wald bosque (m)
Wand pared (w)
wandern marchar
wann ¿cuándo?
Ware mercadía
warm caliente
warten esperar
warum ¿por qué?
was ¿qué?
waschen (sich) lavar(se)
Wasser agua
Watte algodón
wechseln cambiar
wecken despertar
Weg camino
wegen por
weiblich feminino
weil porque
weinen llorar
weit lejos, largo
welcher ¿cuál?, ¿qué?
wenig poco
wenn *(als)* cuando, *(falls)* si
wer ¿quién?
werden llegar a ser
wessen ¿de quién?
Westen oeste (m), occidente (m)
Wetter tiempo
wichtig importante
wie como, ¿cómo?
wieder de nuevo, otra vez
wiederholen repetir
wieviel ¿cuánto?
Wind aire (m), viento
Winter invierno
wir nosotros, nosotras
wissen saber*
wo ¿dónde?
Woche semana
woher ¿de dónde?
wohin ¿a dónde?
wohnen vivir
Wohnung habitación (w)
wollen querer*
Wort palabra
Wörterbuch diccionario
Wunde herida
wünschen desear

Z

zahlen pagar
Zahnarzt dentista (m)
Zahnpasta pasta dental
zeigen mostrar
Zeit tiempo
Zeitung periódico
Zelt tienda de campaña
Zentrum centro
Zigarette cigarillo
Zimmer cuarto
Zoll aduana
zu (+ Adjektiv) demasiado
zu Fuß a pie
zufrieden contento
Zug tren (m)
zurück por atrás
zusammen junto
zuviel demasiado
zwischen entre

Spanisch–Deutsch

A

a nach *(Richtung)*
a dentro in *(örtlich)*
¿a dónde? wohin?
a la medida sitzen, passen *(Kleidung)*
a pie zu Fuß
a veces manchmal
abajo unten
abierto öffnen
abuela Grossmutter
abuelo Grossvater
aburrido langweilig
accidente (m) Unfall
aceite (m) Öl
ácido sauer
acostumbrarse sich gewöhnen *(an)*
¡adiós! tschüß
administración (w) Behörde
aduana Zoll
aeropuerto Flughafen
agencia de viajes Reisebüro
agricultor (m) Bauer
agua Wasser
ahora jetzt
aire (m) Wind
al lado de neben
alajas (m) Schmuck
alcohol (m) Alkohol
aldea Dorf
alegrarse sich freuen
alegre lustig, fröhlich
alemana, alemán Deutsche(r)
Alemania Deutschland
algo etwas
algodón Watte
alguno jemand
algunos/-as einige, ein paar
alimentos (m, Mz) Lebensmittel
almorzar essen
almuerzo Mittagessen
alojamiento Unterkunft
alquiler (ver)mieten
alrededores (m, Mz) Gegend
alto hoch
alumno Schüler
ama de casa Hausfrau
amable freundlich
amar lieben
amigo, amiga Freund(in)
amistad (w) Freundschaft
ancho breit
andar gehen
anfitrión Gastgeber
angosto eng
animal (m) Tier
anteayer vorgestern
anteojos (m, Mz) Brille
antes bevor
anual jährlich
año Jahr
apellido Familienname
aprender lernen
apurarse sich beeilen
aquel (m), aquella (w) jene(r)
aquí hier
arena Sand
arrivar ankommen
artesanías Kunstgewerbe
así so
atender behandeln
atrasado rückständig
aun noch
Austria Österreich
austriaco Österreicher
autobús Bus
avión (m) Flugzeug
avisar benachrichtigen
aviso Auskunft
ayudar helfen

B

bajar aussteigen
bajo niedrig
banco Bank (Geld)
bañarse baden
barato billig
barco Schiff
batería Batterie
bebida Getränk
bello schön
besar küssen
bicicleta Fahrrad
boda Hochzeit
boleto Fahrkarte
bolsa Tasche
bolsa de dormir Schlafsack
bonito schön
boracho betrunken
bosque (m) Wald
bote (m) Boot
botella Flasche
bueno gut
burlarse lachen *(über etwas)*
buscar suchen

C

cada uno jeder
cada vez jedesmal
caja Kasse
calcular rechnen
calidad (w) Qualität
caliente heiß, warm
calle (w) Straße
callejón (m) Gasse
cama Bett
cambiar (um)tauschen
caminar gehen
camino Weg
campesino Bauer
campo Platz
cancelar bezahlen
canción (w) Lied
cansado müde
cantidad (w) Menge, Quantität
cantina Kneipe
cargar tragen
cariñoso herzlich
caro teuer
carro Wagen, Auto
carta Brief
casa Haus
castigar bestrafen
castigo Strafe
castillo Burg, Schloss
cena Abendessen
cenar zu Abend essen
centro Zentrum
cerca nah
cervezar Bier
chica Mädchen
chiquito klein
chofer (m) Chauffeur
cierto wahr
cima Berg
cine (m) Kino
cita Verabredung
ciudad (w) Stadt
ciudadano Bürger
claro hell
cocinar kochen
código regional Vorwahl *(Tel.)*
cofre (m) Koffer
coger nehmen
colegio Schule *(13-17 J.)*
color (m) Farbe
comenzar anfangen
comer essen
comida Speise
¿cómo? wie?
cómodo gemütlich
complicado kompliziert
comprar kaufen
comprender verstehen
con mit
con mucho gusto gern
con voz alta laut
concierto Konzert
condimento Gewürz
condón (m) Kondom
conductor (m) Chauffeur
conmemoración (w) Andenken
conmemorar s. merken
conocer* kennen
conocido berühmt
construir bauen
consulado Konsulat
contestación (w) Antwort
contestar antworten
contra gegen
controlar kontrollieren
conversación (w) Gespräch
convertir umtauschen
coquetear flirten
correcto richtig
cortar beenden
corto kurz, klein
cosa Sache, Ding
cosas típicas (w, Mz) kunstgewerbliche Waren
costar* kosten *(Preis)*
creer* glauben
crema medicinal Salbe
crimen (m) Verbrechen
cuadro Bild
¿cuál? welche(r)?
cuando wenn, als *(zeitl.)*
¿cuándo? wann?
¿cuánto? wieviel?
cuarto Zimmer, Raum
cubrecama Bettzeug
cuchara Löffel
cuerda Seil
culpable schuldig
cumpleaños (m) Geburtstag
curar behandeln
curioso neugierig

D

dar* geben
de aus, von
de acuerdo einverstanden
de buen salud gesund
de colores bunt
¿de dónde? woher
de nuevo wieder
de vez en cuando manchmal
debajo unter
deber sollen, müssen

decir* sagen
dedo Finger
delante vorne, vor *(örtl.)*
delgado dünn
demasiado zu *(+ Adj.)*, zuviel
demora Aufenthalt
dentista (m) Zahnarzt
derecha rechts
derecho Recht
desayunar frühstücken
desayuno Frühstück
descansa Pause
descansar sich erholen
descompuesto faul *(Obst)*
desconocido unbekannt
desde seit
desear wünschen
desnudo nackt
despacio langsam
despedirse* sich verabschieden
desperfecto Panne
despertar wecken
despertarse aufwachen
después nach, danach
desvío Umleitung, Umweg
detrás hinten
dialécto Dialekt
diario täglich
diccionario Wörterbuch
difícil schwierig
dinero Geld
diós (m) Gott
dirección (w) Richtung, Adresse
disco Schallplatte
divertirse sich vergnügen
documento Dokument
doler* schmerzen
dolor (m) Schmerz
dormir* schlafen
dormitorio Schlafzimmer
dueño Besitzer
dulce süß
duro hart

E

economizar sparen
edad *(Lebens-)*Alter
edificio Gebäude
ejemplo Beispiel
ejercer üben
él er
ella sie (Ez.)
ellas sie (w, Mz.)
embajada Botschaft
embarazada schwanger
emergencia Rettungswagen
empleada/(-o) Angestellte(r)
en in *(zeitl. + örtl.)*
en seguida sofort
enamorarse sich verlieben
encaminar begleiten
encontrar* treffen, begegnen
enfermedad (w) Krankheit
enfermo krank
engañar betrügen
enseñar unterrichten, lehren
entender* verstehen
entonces dann
entrada Eingang
entrar eintreten
entre zwischen
entregar geben
entretenerse* sich vergnügen
enviar schikken, senden
equipaje (m) Gepäck
error (m) Fehler
escalera Treppe
escuchar hören
escuela Schule
esperar hoffen, warten
esposa Ehefrau
estación (w) Bahnhof
estancia Aufenthalt
estar* sein
estar* acostado liegen
este (m) Osten
estilo Stil *(Architektur)*
esto das *(da)*
estudiante Student(in)
evento Ereignis
exacto genau
excusarse sich entschuldigen
exportación (w) Ausfuhr
exposición (w) Ausstellung
exterior (m) Ausland
extranjero Ausländer, ausländisch, fremd

F

factura Rechnung
falla Fehler
falso falsch
familia Familie
farmacia Apotheke
fecha Datum

felicitar gratulieren
feliz glücklich
feminino weiblich
ferry (m), Fähre
fiebre (w) Fieber
fiesta Fest
finalizar aufhören
firmar unterschreiben
firme fest
flaco dünn
folklore (m) Folklore
formulario Formular
fósforos (m, Mz) Streichhölzer
foto Fotografie
frase (w) Satz
fresco kühl
frio kalt
frontera Grenze
fruta Obst, Frucht
fuego Feuer
fuerte stark
fumar rauchen

G

gas (m) Gas
gasolina Benzin
gasolinera Tankstelle
gente (w, Ez) Leute
gracias danke
gramo Gramm
gratuito kostenlos
gripe (w) Grippe
gritar rufen, schreien
guiada Führung
gustar gefallen

H

haber* haben *(Hilfsverb)*
habitación (w) Wohnung
habitante Einwohner
hablar sprechen, reden
hace vor *(zeitl.)*
hacer tun, machen
hacer una cita sich verabreden
hambriento hungrig
hasta bis
helado *(Speise-)*Eis; eiskalt
herido Verletzung
hermana/(-o) Schwester/Bruder
higiéne (w) Hygiene
hija/hijo Tochter/Sohn
hilo Faden
historia Geschichte
hoja Blatt
hombre (m) Mann, Mensch
hondo tief
hora Stunde
horario Fahrplan
hospedaje (w) Hotel
hospital (m) Krankenhaus
hospitalidad (w) Gastfreundschaft
hoy heute
hueco Loch
huevo Ei

I

idioma (m) Sprache
iglesia Kirche
immediato sofort
importación (w) Einfuhr
incendio Brand
información (w) Auskunft, Information
informar benachrichtigen
informarse sich informieren
inglés englisch
iniciar anfangen, beginnen
inyectar impfen
insecto Insekt
interesarse por
sich interessieren (für)
invierno Winter
invitación (w) Einladung
invitar einladen
ir* gehen
irse* (de) abfahren *(von)*
isla Insel
izquierda links

J

jamás niemals
jardín (m) Garten
jefe (m) Chef
jeringa Spritze
joven jung
joven (m) Junge
jovencita Mädchen
jugar spielen
juguete (m) Spielzeug
junto zusammen

L

la otra vez nächstes Mal
labor (m) Geschäft *(Tätigkeit)*
lado Seite *(Richtung)*
lámpara Lampe
lancha *(Motor-)*Boot
lápiz (m) Bleistift
largo lang, weit
lastimado verletzt
lavar(se) *(sich)* waschen
leer lesen
lejos weit weg, fern
lengua Sprache
lentes (m, Mz) Brille
lento langsam
letra Buchstabe
levantar heben
ley (w) Gesetz
libre frei
libro Buch
limpiar sauber machen
listo fertig
llanta Reifen
llave (w) Schlüssel
llegar ankommen
llegar a ser werden
lleno voll, satt
llorar weinen
lluvia Regen
lugar de interés (m) Sehenswürdigkeit

M

madera Holz
maestro/(-a) Lehrer(in)
mal schlecht
maleta Koffer
mamá Mutter
mandar schicken
mandar a traer bestellen
manta *(Bett-)*Decke
mañana morgen, Morgen
mapa (m) (Land-)Karte
mar (m) Meer
marchar wandern
marido Ehemann
más mehr
más o menos etwa, ungefähr
matar töten
mecate Seil
medicina Medikament
médico Arzt
mejor besser
mentir lügen
menú (m) Speisekarte
mercadía Ware
mes (m) Monat
mi mein
miedo Angst
mientras während *(+ Verb)*
minuto Minute
mirar sehen
mitad (w) Hälfte
moda Mode
mojado feucht, nass
molestar stören
montaña Berg, Gebirge
monumento Denkmal
morir* sterben
moto (w) Motorrad
muchas veces oft
mucho viel
muerte (w) Tod
muerto tot
museo Museum
música Musik

N

nacionalidad (w) Nationalität
nadar schwimmen
nadie niemand
natural natürlich
necesitar brauchen
negociar feilschen, handeln
negocio Geschäft, Laden
nieta/nieto Enkelin/Enkel
no nicht
noche (w) Nacht
nombre (m) *(Vor-)*Name
normal normal
norte (m) Norden
nosotros, -as wir
noticia Nachricht
nuestro/-a unser(e)
nuevo neu
número Nummer
nunca niemals

O

o oder
occidente (m) Westen
oeste (m) Westen
ofender beleidigen
oficina de correos Postamt
oir* hören
olvidar vergessen
opaco dunkel, düster
operador (m) *(Tel.)* Vermittlung
oración (w) Satz (Gram.)

ordenar bestellen
organizar organisieren
órgano Organ
oriente (m) Osten
oro Gold
otoño Herbst
otra vez noch einmal

P

padre (m) Vater
padres (m, Mz) Eltern
pagar (be)zahlen
país (m) Land
paisaje (m) Landschaft
pájaro Vogel
palabra Wort
palacio Palast
pan (m) Brot
papá (m) Vater
papel (m) Papier
paquetito (m) Päckchen
par (m) Paar
para für, um zu
parada Haltestelle
parar anhalten
pararse *(auf)*stehen
parecer gefallen
pared (w) Wand
pareja Ehepaar
parque (m) Park
partir abreisen
pasado mañana übermorgen
pasaje (m) Fahrpreis
pasaporte (m) Ausweis, Pass
pasear spazierengehen
pasillo Bahnsteig
pasta dental Zahnpasta
pastilla Tablette
pasto Gras
pausa Pause
pavor Angst
pecho Brust*(korb)*
pegar schlagen
pelear streiten
película Film
peligroso gefährlich
pena Strafe
pequeño klein
perderse sich verirren
perezoso faul, träge
periódico Zeitung
permiso Erlaubnis
permitir erlauben
pero aber
pescado Fisch *(Gericht)*
pez (m) Fisch *(Tier)*
picante scharf
pie (m) Fuß
piedra Stein
pintar malen
pisto Geld
plan (m) Plan
planta Pflanze
plata Silber
plática Gespräch
pobre arm
poder können, dürfen
policía Polizei
política Politik
poner* stellen, legen
por wegen, für
por allá dorthin
por atrás zurück
por completo alles
por eso deshalb, darum
por lo tanto deshalb
¿por qué? warum?
posible möglich
posición (w) Lage *(geogr.)*
precio Preis
pregunta Frage
preguntar fragen
preparar vorbereiten
presentarse a sich vorstellen
prestar a verleihen *(an)*
prestar de sich leihen *(von)*
primavera Frühling
principiar anfangen
privado privat
problema (m) Problem
profesión (w) Beruf
programa (m) Programm
prohibido verboten
pronto bald
pronunciación (w) Aussprache
propiedad (w) Eigentum
propina Trinkgeld
proponer* vorschlagen
prueba Beweis
pueblo Dorf, Volk
puente (m) Brücke
puerto Hafen
puntual pünktlich
pus (m) Eiter

Q

¿qué? was?
que dass, als *(Vergleich)*
quedarse bleiben
quejarse s. beschweren
quemar brennen
querer* wollen, lieben
¿quién? wer?
quizás vielleicht

R

radio (w) Radiogerät
rápido schnell
raro selten
rebaja Ermäßigung
recibir erhalten, empfangen
recoger sammeln
recomendar* empfehlen
recordarse sich erinnern
recto geradeaus
recuerdo Andenken
refrigerador (m) Kühlschrank
regalo Geschenk
registrar registrieren
regreso Rückfahrt
reirse de lachen *(über)*
reloj (m) Uhr
remedio Medikament
remolcar abschleppen
reparar reparieren
repetir wiederholen
repuesto Ersatzteil
reservación (w) Platzkarte
respuesta Antwort
restaurante Restaurant
rico reich
rio Fluss
robo Diebstahl, Einbruch

S

saber* wissen
sabio klug, weise
sal (w) Salz
salario Lohn, Gehalt
salida Ausgang
salir (de) abreisen, abfahren
salud (w) Gesundheit
saludarse sich grüßen
salvar sparen
salveque Rucksack
sanitario Toilette
sano gesund
se man, sich
seco trocken
seda Seide
segundo Sekunde
seguro sicher; Versicherung
sello Briefmarke
semana Woche
sentarse sich setzen, sitzen
sentimiento Gefühl
señorita Fräulein
ser* sein
si wenn *(falls)*, ob
sí ja
simple einfach
sobre (m) Briefumschlag
sobre über *(örtl.)*
sociedad (w) Gesellschaft
sol (m) Sonne
solo nur, allein
sombrilla Regenschirm
sopa Suppe
sostener* halten
su ihr(e), sein(e)
sucio schmutzig
sudar schwitzen
suficiente genug
Suiza Schweiz
suizo/suiza Schweizer(in)
súplica Bitte
sur (m) Süden

T

tabaco Tabak
taller (m) Autowerkstatt
tamaño Größe *(Kleidung)*
también auch
tardarse sich verspäten
tarde (w) Abend
taxi (m) Taxi
teatro Theater
techo Dach
teléfono Telefon
telegrama (m) Telegramm
televisor (m) Fernsehgerät
temer sich fürchten *(vor)*
temor (m) Angst, Furcht
tener* haben
tener frio frieren
tener la gripe erkältet sein
tener que müssen
tener sed Durst *(haben)*
terminar beenden, aufhören
terreno Feld
teta Brust *(weibl.)*
tía/tío Tante/Onkel
tiempo Zeit, Wetter
tienda de campaña Zelt
tierno frisch *(Obst)*
tierra Erde
tijera Schere
timbre Briefmarke
todavía noch
todo ganz
tomar nehmen, trinken
tomar una foto fotografieren
tonto dumm

tormenta Gewitter
torre (w) Turm
trabajador/(a) Arbeiter/(-in)
trabajador fleißig
tradición (w) Tradition
traducir* übersetzen
traductor (m) Übersetzer
traje de baño (m) Badeanzug; Badehose
transbordador Fähre
transferencia Überweisung
tratar versuchen
tren (m) Zug
tu dein(e)
tú du

U

un poquito ein bisschen
una vez einmal
universidad (w) Universität
urgente dringend
Usted/Ustedes Sie (Ez/Mz)

V

vacaciones (w, Mz) Urlaub
vacío leer
vacunar impfen
valer* kosten *(Preis)*
válido gültig
valle (m) Tal
vasija Gefäß
vaso *(Trink-)*Glas
venda Binde
veneno Gift
venenosa Giftschlange
venir* kommen
ver* sehen
verdadero echt
verdura Gemüse
vestimenta Kleidung
viajar reisen
vida Leben
vidrio Glas *(Material)*
viejita/viejito Alte/Alter
visitar besuchen, besichtigen
vivir leben
volar fliegen
voz (w) Stimme
vuestro/vuestra euer(e)

Y & Z

y und
ya schon
yate (m) Motorboot
yo ich
zapato Schuh

Der Autor

©Susanne Muxfeldt

Hans-Jürgen Fründt, Jahrgang 1957, studierte Spanisch in Hamburg und Madrid. Er kam 1990 das erste Mal in die Dominikanische Republik und stellte recht bald fest, dass es schon einige Unterschiede zwischen dem in España gesprochenen Castellano und der karibischen Variante des Spanischen gibt. Sowas macht neugierig und mit Hilfe von guten Freunden, die in Santo Domingo leben, entstand schließlich dieses Büchlein.